이런 철학이라면
방황하지 않을 텐데

이런 철학이라면
방황하지 않을 텐데

단단한 삶을 위한 철학 수업

서정욱 지음 | 구연산 그림

보누스

어른과 아이 사이에서
방황하는 이들에게

요즘 대한민국이 만들고 세계가 보는 드라마가 많다. 그중 좀비가 소재인 드라마가 인기다. 그 이유는 지금까지 나온 좀비와 한국 좀비가 다르기 때문이란다. 종전의 좀비는 느릿느릿한 걸음이 특징이라면, 한국 좀비는 타의 추종을 불허하는 빠른 걸음이 특징이다.

대한민국은 빠름을 상징하는 나라다. '빨리빨리'라는 말은 세계 관광지 어디를 가나 현지인도 할 줄 알고 이해하는 단어다. '빨리빨리'가 오늘날 대한민국을 경제 대국으로 만들었다는 평가가 있는데, 이제 드라마까지 점령한 셈이다.

얼마 전 학교를 배경으로 만든 좀비 드라마를 본 적이 있다. 드라마를 시청하는 중 다음 글귀가 귀에 들어와 잊히지 않았다.

"사람도 귀신도 아닌 좀비"
"어린이도 어른도 아닌 학생"

이 글귀를 보자마자 좀비와 학생은 정체성이 모호하고 방황하는 존재라는 생각이 들었다. 좀비는 완전히 죽지 못한 존재다. 분명 산 자가 아니라서 사람대접을 할 수는 없는데, 우리가 알고 지내던 친구, 부모님, 선생님의 모습을 지닌 채 움직이기에 함부로 대할 수도 없다.

학생도 비슷하다. 사회는 학생을 구성원으로 인정하고 보호하려고 한다. 예를 들어 보호 차원의 명목으로 학생에게 술과 담배를 팔지 않는다. 현실은 조금 다르다. 일부 학생은 담배를 피우고 술도 마신다. 게다가 집안 어른의 허락하에 술을 마시고 담배를 피우는 경우도 종종 있다. 어떨 때는 보호받는 존재이지만 어떨 때는 어른과 비슷한 대접을 받는 존재인 것이다.

좀비는 통제받아야 하는 존재이기도 하다. 사람을 해하지 못하도록 좀비를 일정한 장소에 가두고 행동에 제약을 가한다. 학생도 종종 학교나 학원에 있지 않으면 제재를 받는다. 사회는 일정한 장소가 아닌 곳에 있는 학생을 마치 길거리를 배회하는 좀비를 보듯 대하는 것이다. 즉 학생은 학교나 학원에 있어야 하고, 좀비 역시 길거리를 배회하면 안 된다. 그들이 있어야 할 곳이 아닌 곳에 있으면 우리는 그들을 다르게 대한다.

프랑스의 철학자 푸코는 학생들에게 제복을 입혀 같은 공간에 생활하게 하는 이유를 감시와 통제에서 찾는다. 군인이나 정신장애인처럼 학생에게도 똑같은 옷을 입히고 같은 공간에서 생활하게 한다. 다른 사람과 쉽게 구별하고 통제와 감시를 하기 위해서라는 것이다. 어른은 학생과 다르게 감시가 필요 없는데, 이에 대해 사회는 어른이 스스로 자신을 통제하기 때문이라는 논리를 내세운다.

학생은 정말 통제와 감시가 필요한 존재일까? 우리나라에서 학생은 흔히 청소년인데, 그들은 결국 어른이 된나는 점에서 스스로 통제하고 감시할 수 있는 존재이거나 최소한 스스로 통제할 수 있는 능력을 배워야 하는 존재다. 즉 통제 능력을 교육받아야 한다. 하지만 어른, 즉 사회는 그렇게 생각하지 않는 듯하다.

어른에게 청소년은 규칙을 벗어나면 절대로 안 되는 존재일 뿐이다. 그저 통제와 감시라는 이름으로 청소년을 조종하려고 한다. 이것을 사회는 규범 혹은 규율이라고 부른다. 이 규범과 규율은 대부분 무언가를 하지 말라는 명령뿐이다. 뭔가를 하라고 권하는 규범이나 규율은 극소수에 불과하다.

금기와 명령으로 배울 수 있는 것은 강제와 타율뿐이다. 좀비처럼 청소년을 대해서는 좀비 같은 어른만 기를 수 있다. 청소년에게는 금기를 잘 지킬 수 있는 능력보다 스스로 생각하고 자율적으로 실천할 수 있는 능력이 필요하다. 그래야 자유로운 사고 안에서 복잡하고 혼란스러운 세상과 자신을 더욱 깊이 이해할 수 있다. 이 같은 능력을 바탕으로 자신의 삶을 스스로 정하고 책임지는 어른이 될 수 있는 것이다.

예전보다 상황이 많이 좋아졌다고는 하지만 아직 우리 사회는 (학생을 포함해) 청소년을 통제 대상으로 보는 듯하다. 이러니 여전히 많은 청소년이 자유로운 생각을 하는 데 어려움을 겪고, 세상을 막연하게 이해하는 것이 아닐까. 부자유스럽고 타율성에 젖은 생각을 지니면 그 앞에서 마주하는 세상은 그저 막연하고 불안할 뿐이다.

이 책은 자기 앞에 놓인 현실을 똑바로 보고, 자신의 갈등을 해결하면서 미래를 자기 뜻대로 설계하려는 청소년을 위해 기획했다. 철학의 기본은 자유롭게 세상의 기존 생각과 주장을 비판적으로 생각해 보는 것이기 때문이다.

기성세대와 사회에 반기를 드는 자만이 새로운 철학의 길을 열었다. 철학의 역사는 고로 반항아들의 역사라고도 할 수 있다. 고대 그리스 철학자도 자신이 살고 있던 시대의 기성세대나 기득권자에 만족하지 못했다. 사회제도, 종교, 정치, 학문, 심지어 교육까지도 말이다. 오늘날 청소년과 비슷한 불만을 그들도 갖고 있었다.

그래서 그들은 자신만의 생각을 정치와 종교가 허락하고 기성세대의 눈에서 벗어나지 않는 범위 안에서 얘기했다. 물론 시간이 지나면서 종교와 정치도 철학자들의 자유로운 생각을 막을 수가 없었다. 그 결과, 앞 시대의 철학자들이 생각만 했던 이론을 더 과감하게 표현하고 설명하는 철학자도 나타났다.

이 책에서도 처음 사회에 문제를 던진 철학자와 그 문제의식을 이어받아 발전시킨 철학자를 나누어 소개했다. 대체로 시간순으로 철학자와 사상을 소개한 셈인데 앞선 철학은 우주와 자연의 질서를 설명하고, 후대 철학은 인간의 질서와 윤리 도덕, 개인의 자유까지 설명하는 단계에 이른다.

독자 여러분도 우주와 자연과 같은 큰 대상을 자유롭게 먼저 생각한 다음, 자신을 바라보기를 부탁한다. 대상을 먼저 이해해야 나를 이해할 수 있고, 그래야 자신이 왜 방황하고 갈등을 겪는지 알 수 있기 때문이다. 철학자들은 선배 철학자의 사상과 이론을 잘 보고 배웠다. 그 덕분에 자신들의 생각을 발전시킬 수 있었다. 독자 여러분에게도 철학사에 발자취를 남긴 철학자들의 생각과 이론을 바탕으로 자신만의 가치관과 사유를 완성할 기회가 찾아올 것이다. 그때를 놓치지 말기 바란다. 그 길이 방황과 갈등에서 벗어나 자유를 성취하고, 책임을 다할 수 있는 진정한 어른으로 인도하기 때문이다.

안타깝게도 청소년을 여전히 미숙한 존재로 대하는 사회를 돌아보면서 옛 철학자들의 생각을 이 책에 정리해 보았다. 독자들에게 많은 도움이 됐으면 좋겠다.

책을 쓴다는 것은 혼자만의 작업이 아니다. 많은 사람이 함께해야 더 좋은 책이 만들어진다. 그래서 기존 책들을 참고하고 저자들의 생각을 들여다보았다. 학생들이 쉽게 이해하도록 중고등학교 도덕책과 윤리와 사상 교과서를 많이 참고했다. 그 외에 청소년을 위해 쓰여진 철학책도 많이 참고했다. 모든 선생님께 감사드린다. 이 책을 출간하는 데 함께한 편집자, 디자이너, 그림 작가 여러분에게도 감사의 말씀을 드린다.

마지막으로 이 책을 집필하는 데 많은 도움을 준 사랑하는 승희에게 고마움을 전한다.

서정욱

차례

철학이 시작된 질문들

2부

다시, 철학에 의문을 던진 질문들

1부

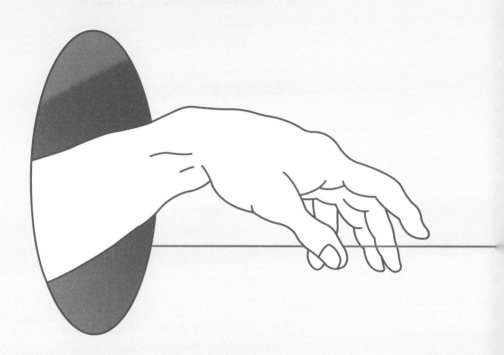

철학이
시작된
질문들

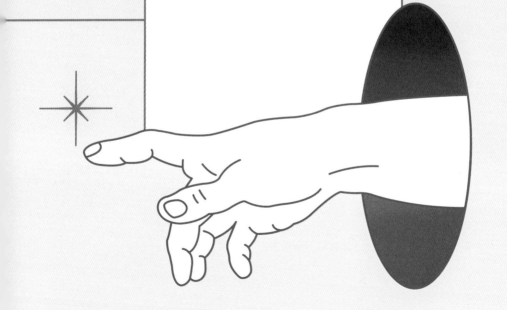

철학이 시작된 질문들

내가 이 세상의 중심일까?

세상의 근원은 무엇인가?

도덕과 윤리는 꼭 필요할까?

진짜란 무엇일까?

진정한 행복은 어디 있을까?

신은 존재할까? 믿어야 하는 존재일까?

올바른 국가와 사회의 모습이란?

불안과 공포에서 벗어나는 방법이 있을까?

진정한 지식은 어떻게 얻을까?

1장

내가 이 세상의
중심일까?

소피스트, 궤변론

인간은 만물의 척도,
프로타고라스

소피스트는 '지혜로운 자'라는 의미이며 철학사에서 중요한 위치를 차지하고 있다. 하지만 이들은 가르침의 대가로 보수를 요구했으며, 사람들은 지혜를 팔았다는 이유로 그들을 '궤변론자'라고 평가하며 부정적으로 본다.

최초의 소피스트로 알려진 프로타고라스(기원전 490/485년~기원전 415/410년)도 예외는 아니었다. 그의 생애에 대해서 알려진 것은 많지 않다. 그리스 북동 지역에서 태어났으며 플라톤의 저서에 등장하는 것으로 보아 아테네에서도 활동한 것으로 보이나, 주로 이탈리아의 고대 그리스 식민지 지역에서 활동했다.

프로타고라스의 사상은 드문드문 남아 있는 그의 저서와 다른 사람의 저서, 플라톤의 대화편에 등장하는 이야기를 종합해 보면 세 가지 정도로 요약할 수 있다. 첫째는 종교에 관한 사상이다. 고대 그리스 신화에 따르면 신이 사람을 창조할 때 자신과 닮은 모습으로 창조했다고 한다. 이는 곧 사람의 모습과 신의 모습이 같다는 것을 의미한다. 하지만 프로타고라스는 신의 모습을 알 수 없다고 자신의 저서에서 주장하고 있다. 그는 이에 대해 두 가지 이유를 댔다. 신이 있느냐 없느냐 하는 문제 자체가 너무 애매하다는 것이 첫 번째 이유고, 신에 대한 지식을 얻거나 소유하기에는 사람의 일생이 너무 짧다는 것이 두 번째 이유다.

둘째는 사람의 주관성에 관한 사상이다. 프로타고라스는 사람이 신에 대해서 전혀 모르기 때문에 사람이 이 세상의 중심이 돼야 한다고 주장했다. 즉 사람의 주관성을 강조한 프로타고라스는 사람이 세상 모든 것의 기준이란 뜻으로 '인간 만물 척도설'을 주장했다. 사람은 사물을 어떻게 이해하고 그것을 지식으로 만들 수 있을까? 여러 가지 방법이 있겠지만 프로타고라스는 사람의 다섯 가지 감각으로 가장 먼저 사물에 대한 지식을 얻는다고 주장했다.

그런데 사람마다 감각 능력은 다르다. 어떤 사람은 시력이 뛰어나고, 또 어떤 사람은 후각이 발달할 수 있다. 이렇게 사람마다 감각 능력이 다르기 때문에 사물을 파악하는 능력도 개개인의 감각 능력이 기준이 된다. 이때 한 가지 문제가 생긴다. 즉 이 논리대로라면 모든 사람이 인정하는 사물의 참된 의미를 절대로 찾을 수 없다. 그래서 프로타고라스의 인간 만물 척도설은 개인의 주관성에 따라 사물을 파악하고 이해하기 때문에 절대적인 진리를 얻을 수 없는 단점이 있다. 그럼에도 불구하고 우리가 프로타고라스의 인간 만물 척도설을 중요하게 생각하는 이유는 무엇일까?

프로타고라스보다 앞선 철학자들은 사물을 파악할 때 사람의 관점이 아니라 자연의 관점에서 파악했다. 자연은 신이 만든 것이므로 모든 것을 신의 뜻에 따라 파악하려 했다. 자연의 관점에서 사물을 파악하는 것은 당연한 일이었다. 하지만 신을 모르면서 자연의 관점에서 사물을 파악하는 것보다는 주관적으로나마 사람의 관점에서 사물을 파악하는 것이 낫다. 이런 사물에 대한 프로타고라스의 생각은 절대적 진리가 아니라 상대적 진리다. 이런 이유로 프로타고라스를 사물의 절대적 진리를 알 수 없다는 뜻에서 불가지론자라고 한다.

절대적 진리를 알아내는 일이 불가능하다는 것을 알지만 우리는 절대적 진리를 원한다. 주관적 감각 능력으로 주관적 진리를 파악한 사람은 그것을 절대적 진리로 만들고 싶어 한다. 바로 여기서 프로타고라스의 세 번째 사상이 나온다. 주관적 감각 능력으로 사물을 파악해 상대적 진리를 얻은 다음 절대적 진리를 파악한 것처럼 하려면 어떻게 해야 할까? 바로 말이다. 말로 잘 설명해 상대를 설득하면 비록 상대적 진리라고 할지라도 절대적 진리가 될 수 있다. 그래서 지혜로운 자인 소피스트는 설득이란 이름으로 말을 잘 포장해 말장난을 쳤다. 결국 그들은 궤변론자가 되고 말았다.

소피스트 프로타고라스는 유명한 궤변론자이기도 하다. 우리는 그가 자신의 제자와 나눈 얘기 속에서 이를 증명할 수 있다. 하루는 에우아틀로스라는 젊은이가 프로타고라스를 찾아와서 능숙한 말재간을 배우기를 청했다. 에우아틀로스는 우선 수업료가 부족해 훗날 돈을 벌면 나머지 돈을 지불하기로 계약서를 작성하고 교육을 받았는데, 계약서 내용은 다음과 같다.

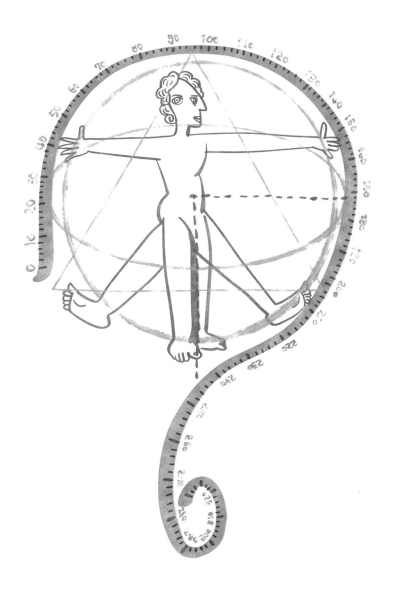

who am I ?

"나, 에우아틀로스는 프로타고라스 선생님으로부터 말하는 방법을 배우는데 지금 수업료가 부족해 반만 지급하고, 나머지 반은 수업 종료 후 첫 변론한 재판에서 이기면 지급하겠습니다."

좋은 선생님 밑에서 좋은 교육을 받은 에우아틀로스는 법정에 나가 변호할 생각은 안 하고, 마냥 놀고만 있었다. 프로타고라스는 에우아틀로스를 찾아가 남은 수업료 지급을 요구했지만, 에우아틀로스는 말솜씨가 부족해 배울 것이 아직 많다며 머뭇거리기만 했다. 참지 못한 스승은 계약서를 제자에게 내밀며 재판을 해서라도 나머지 돈을 받아내겠다고 엄포를 놓았다. 하지만 제자는 스승을 우습다는 듯이 바라보고만 있었다. 프로타고라스는 자신이 재판에서 이기든 지든 에우아틀로스가 나머지 수업료를 지급할 수밖에 없다며 다음과 같이 말했다.

대전제 : 에우아틀로스가 재판에서 진다.
소전제 : 재판의 명령에 따라 에우아틀로스는 나머지 수업료를 지급한다.
결론 : 그러므로 프로타고라스는 나머지 수업료를 받는다.

대전제 : 에우아틀로스가 재판에서 이긴다.
소전제 : 계약서에 따라 에우아틀로스는 나머지 수업료를 지급해야 한다.
결론 : 그러므로 프로타고라스는 나머지 수업료를 받는다.

이 말을 듣고 에우아틀로스는 웃으면서 다음과 같이 말했다.

대전제 : 에우아틀로스가 재판에서 진다.

소전제 : 계약서에 따라 에우아틀로스는 나머지 수업료를 낼 필요가 없다.

결론 : 그러므로 에우아틀로스는 나머지 수업료를 낼 필요가 없다.

대전제 : 에우아틀로스가 재판에서 이긴다.

소전제 : 재판의 명령에 따라 에우아틀로스는 나머지 수업료를 낼 필요가 없다.

결론 : 그러므로 에우아틀로스는 나머지 수업료를 낼 필요가 없다.

같은 계약서와 같은 재판의 변호를 놓고 두 사람은 서로가 유리하다고 주장했다. 오늘날 우리는 이것을 모순이라고 얘기하지만, 당시에는 궤변이라고 했다. 그래서 이를 가르치는 사람이나 배우는 사람을 지혜로운 자인 소피스트라 하지 않고 궤변론자라고 했던 것이다. 궤변의 가장 큰 목적은 다른 사람을 설득하는 것이다. 절대적 진리가 무엇인지 모르고 자신이 파악한 상대적 진리를 어떻게 가르쳐야 할지 몰랐던 사람들은 상대방을 설득하기 위해 수단과 방법을 가리지 않았다.

방법이 조금 잘못됐을지 모르지만, 자신이 알고 있는 것을 남에게 가르치고 싶은 프로타고라스의 마음을 그의 사상에서 확인할 수 있다. 그는 궤변론자라는 이름을 얻었지만, 사물을 파악하는 관점을 자연에서 사람으로 옮겼다. 상대적 진리라도 찾는 데 큰 힘을 보탠 것이다.

웅변가 고르기아스의
지식 허무주의

고대 그리스에는 수많은 소피스트가 있었던 것으로 알려져 있다. 하지만 몇몇 소피스트의 철학이나 삶이 다른 철학자의 저서에 남아 전해지고 있을 뿐이다. 그중 한 사람이 고르기아스(기원전 483년경~기원전 375년경)다. 시칠리아의 그리스 식민지에서 태어난 고르기아스는 도시국가 시라쿠사의 공격에 대비하려고 아테네로 파견된다. 자신의 웅변술과 수사학이 인기를 얻자 아테네에 머물기도 했다.

고르기아스는 누구보다 웅변가로 잘 알려져 있으며 그의 지식 허무주의 사상이 지금도 유명하다. 먼저 고르기아스의 뛰어난 웅변술에 대해서 알아보자. 고르기아스의 조국인 레온티노이는 시라쿠사에 침략당할 위기에 처하자, 아테네에 도움을 요청하려고 고르기아스를 파견했다. 그만큼 그는 웅변이 뛰어났던 사람이었다. 그의 웅변에 반한 아테네 사람들은 웅변술을 배우기 위해 그를 아테네에 머물게 했다.

당시 고대 그리스에서는 정치가를 꿈꾸는 젊은이가 많았다. 정치가가 되려면 무엇보다 남을 설득하는 일이 중요했다. 웅변술은 남을 설득하기 위한 도구로 사용됐고, 소피스트는 그들에게 이런 기술을 가르쳤던 것이다. 그렇기에 고르기아스는 유명한 소피스트가 됐고, 그가 한 많은 웅변 중에 몇 가지가 오늘날까지도 남았다. 그중 한 가지가 '헬레네에 대한 찬양 연설'이라는 것이다.

제우스가 주관한 테티스의 결혼식장에 초대받지 못한 불화의 여신 에리스는 '가장 아름다운 여신'에게 주는 헤스페리데스의 황금 사과를 보냈다. 헤라, 아테나, 아프로디테 세 여신은 자신이 가장 아름답다며 이 사과를 가져야 한다고 주장했다. 제우스는 결정하기 곤란해지자, 트로이의 왕자 파리스(알렉산드로스)에게 사과를 넘겨주었다. 헤라는 권력을, 아테나는 지혜와 전쟁을, 아프로디테는 아름다운 여인을 앞세우며 자신이 가장 아름답다고 파리스를 유혹했다. 결국 파리스는 아프로디테에게 사과를 건넸고 트로이 전쟁의 불씨를 키웠다.

고르기아스는 '헬레네에 대한 찬양 연설'에서 파리스가 아프로디테의 도움을 받아 스파르타의 왕비 헬레네를 납치해 트로이로 갈 수 있었던 이유에 대해서 신화와 다르게 주장한다. 신화에 따르면 파리스의 헬레네 납치는 트로이 전쟁의 직접적인 원인이다. 고르기아스는 세 가지 이유를 들어 헬레네의 정당성을 뒷받침한다.

트로이 멸망의 절대적인 이유를 전쟁 때문이라고 신화에서는 기록하고 있다. 하지만 고르기아스는 다르게 주장한다. 트로이 전쟁에서 헤라와 아테나는 사과를 얻지 못했다는 이유로 트로이의 반대편에 선다. 최고신의 아내와 전쟁의 신이 한편이 돼 미의 여신을 공격한다면 승패는 누가 봐도 분명하다. 즉 트로이 멸망은 이미 전쟁 전에 신들에 의해서 예정돼 있었다는 것이 고르기아스의 첫 번째 주장이다.

신화에서는 파리스가 스파르타를 방문했을 때 헬레네를 처음 보자마자 사랑에 빠졌다고 기록하고 있다. 결국 두 사람은 사랑하는 사이가 돼 트로이로 도망간다. 물론 두 사람은 그럴 수 있다. 하지만 고르기아스는 이것도 다르게 주장한다. 즉 아프로디테가 강제로 헬레네를 사랑에 빠지게 했으며 도망가게 도왔다는 것이다. 절대적인 힘을 가진 신 앞에 가냘픈 여인 헬레네는 힘 한번 쓰지 못하고 당했다는 것이 두 번째 주장이다.

마지막으로 고르기아스는 웅변의 중요성을 강조하고 있다. 파리스는 누구보다 뛰어난 웅변술을 지닌 왕자였다. 아프로디테의 도움도 있었지만 파리스의 능수능란한 웅변술에 넘어간 헬레네가 왕비 자리를 포기하고 왕자의 부인이 되겠다고 따라나섰다는 것이 고르기아스의 주장이다.

세 번째 주장에 고르기아스의 진심이 담겨 있음을 우리는 너무나 잘 알 수 있다. 웅변의 중요성과 웅변술의 필요성을 강조하기 위해 고르기아스는 헬레네를 옹호한 것이다. 고르기아스는 남을 설득하려면 웅변이 꼭 필요함을 여러 가지 웅변으로 강조하고 있다.

고르기아스의 철학 사상은 지식 허무주의다. 이 사상은 지식을 얻을 수 없다는 주장이다. 같은 시대에 활동한 소피스트 프로타고라스는 지식을 얻는 방법 중에 가장 확실한 것이 사람의 다섯 가지 감각을 이용하는 것이라고 했다. 프로타고라스의 이 주장에서 우리는 사람마다 감각 능력이 다르기 때문에 객관적인 지식을 얻을 수 없다는 결론을 얻었다. 사람이 만물의 척도이기 때문에 개인이 얻은 지식은 개인의 것이지 우리의 것, 즉 객관화할 수 없다는 것이 프로타고라스 주장의 단점이다.

실질적으로 객관적이라는 것은 주관적인 내용을 대다수 사람이 동의하거나 인정한 것이다. 즉 프로타고라스의 주관적 지식도 여러 가지 방법으로 객관성을 인정받거나 객관화될 수 있다. 하지만 고르기아스의 생각은 전혀 다르다. 주관적인 지식은 객관성을 인정받을 수 없을 뿐 아니라, 그러므로 다른 사람에게 전해주지 못한다는 것이다. 고르기아스의 지식 허무주의는 일반적으로 다음과 같이 세 문장으로 표현된다.

존재하는 것은 아무것도 없다.

있다(존재)고 하더라도 알 수 없다.

안다고 하더라도 남에게 알려줄 수 없다.

"존재하는 것은 아무것도 없다."라는 고르기아스의 주장은 무슨 뜻일까? 사람이 다섯 가지 감각으로 어떤 사물을 파악하려면 일단 사물 혹은 대상이 있어야 한다. 고르기아스에 따르면 이런 대상은 없다. 물론 대상은 분명 있다. 사람은 이 대상이 있다는 것을 다섯 가지 감각으로 알 수 있다. 하지만 대상이 어떻게 혹은 어디에서부터 와서 지금 내 눈앞에 이 대상으로 존재하고 있는가 하는 이유를 모른다면, 대상이 없는 것과 같다는 것이 고르기아스의 생각이다.

이렇게 사물이나 대상이 없지만, 그래도 대상이 있다고 가정해 보자. 사람은 이 대상을 어떻게 알게 됐을까? 그렇다. 사람의 다섯 가지 감각으

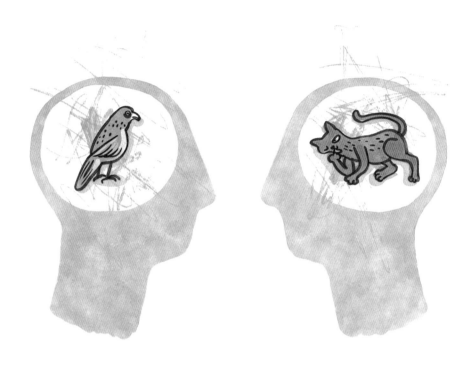

로 알게 됐을 것이다. 감각 능력이 사람마다 다르기 때문에 자신만의 다섯 가지 감각으로 관찰해 사물이나 대상을 이해하거나 파악했을 것이다. 사람마다 다르게 파악한 이 대상에는 객관성이 없기에 고르기아스는 알 수 없다고 주장한 것이다.

존재하는 대상을 알 수 없다면 남에게 알려줄 수 없는 것은 당연하다. 사물이나 대상이 있도록 해주는 존재가 없고, 그 존재를 알 수 없다면 남에게 알려주거나 전달할 수 없다. 이것이 세 번째 문장에서 주장하는 내용이다.

이렇게 감각 능력이 서로 다른 사람이 각각 자신의 능력에 따라 사물을 파악하면, 그 지식은 절대로 객관성을 지닐 수 없다. 객관성이 없는 지식은 당연히 주관적인 지식에 불과하다. 지식은 남에게 가르쳐주고 전달할 수 있어야 한다. 그런데 주관적인 지식은 그렇지 못하다. 이런 관점에서 고르기아스는 지식을 얻어도 남에게 가르쳐주지 못하므로 허무하다고 말한다. 이것이 바로 지식 허무주의다.

2장

세상의 근원은
무엇인가?

유물론

최초의 철학자
탈레스의 물

우리는 참 많은 질문을 하고 답한다. 답을 할 수 있다는 것은 지식을 갖고 있기 때문이다. 그래서 지식이 없다면 질문에 답을 할 수 없다는 결론이 나온다. 지식은 없고 답은 해야 할 경우라면 사람들은 남이 믿든 말든 자신만의 답을 주장하기도 한다. 특히 지식이 발달하지 못했던 고대 그리스에서는 더더욱 그랬다. 고대 그리스는 신화의 나라라 할 정도로 신화가 발달한 나라다. 고대 그리스 사람들은 지식으로 답할 수 없는 곤란한 질문에 대해서는 신화를 빌려와 답했다. 그중 하나가 '이 세상은 어떻게 만들어졌을까?'라는 질문이다. 고대 그리스 사람들은 신화를 갖고 이 질문에 답했다. 하지만 신화에 의문을 품으면 어떻게 될까?

철학사에서는 이렇게 '신이 세상을 창조하지 않았다면 어떻게 이 세상이 만들어졌을까?'라는 의문에서 철학이 시작됐다고 한다. 가장 먼저 이런 의문을 품은 철학자는 탈레스(기원전 625/624년경~기원전 547/546년경)라고 한다.

고대 그리스는 지중해 연안의 많은 지역에 식민지를 갖고 있었다. 그중 하나가 소아시아로 불린 지금의 터키 동쪽 해안 지역이다. 이곳을 당시는 이오니아 지방이라고 불렀다. 이오니아 지방의 밀레토스에서 태어난 탈레스는 당시 고대 _그_리스보다 문명이 발달한 이집트와 메소포타미아 지방을 여행하며 여러 지식을 배웠다. 그리고 고향으로 돌아와 이 세상은 '물'에서 시작해 만들어졌다고 주장했다.

더 정확하게 표현하면 탈레스의 주장은 이렇다. "최초의 아르케는 물이다." 아르케는 원래 물질이란 의미로 원질(原質. 근원이 되는 물질)이라고 표현한다. 즉 진화든 창조든 이 세상이 만들어졌다면 '처음 어떤 것'에 의해서 발전해 오늘에 이르렀다는 것이다. 탈레스는 '처음 어떤 것'을 아르케라 했는데, 아르케를 물이라고 주장했다. 탈레스에 따르면 물이 발전을 거듭해 이 세상을 만들었다는 것이다.

물이 아르케라는 탈레스의 주장 외에는 전해지는 것이 없다. 게다가 왜 물이 아르케인지에 대한 설명도 없다. 그보다는 수학에 관심이 있는 사람이라면 누구나 아는 탈레스 법칙이 자세히 남아 있다.

원은 지름에 의해서 이등분된다.

맞꼭지각은 같다.

이등변삼각형의 두 밑각은 같다.

반원에 대한 원주각은 직각이다.

삼각형의 밑변과 밑각에 따라 어떤 삼각형인지 정해진다.

이 다섯 가지 탈레스 법칙 외에도 탈레스의 비례 법칙이 있다. 수학에 관심이 많았던 탈레스는 이집트를 여행하면서 피라미드의 높이가 궁금했다. 그래서 만든 법칙이다. 이 법칙의 기본은 이렇다.

a : b = c : x

탈레스의 그림자(a) : 피라미드의 그림자(b)

= 탈레스의 키(c) : 피라미드의 높이(x)

탈레스는 수학 외에 과학 지식에도 관심이 많았다. 메소포타미아 지방을 여행하면서 탈레스는 별자리를 공부했다. 이미 그곳에서 유행하던 황도 십이진법을 신기하게 생각한 탈레스는 천문학을 잘 배운 다음 고향 밀레토스로 돌아왔다.

고향으로 돌아온 후에도 탈레스는 과학 지식에 관심을 두고 매일 밤 하늘을 관찰하며 별자리를 연구했다. 그는 날씨가 아주 청명한 대낮에 비옷을 입고 거리를 배회하곤 했는데, 만약 우리가 그런 사람을 만나면 어떻게 생각할까? 요즘과 다른 그 시절 오후에 비가 온다고 믿으면 아침부터 비옷을 입고 외출하는 것이 맞을 것이다. 그러나 다른 사람 눈에는 결코 평범한 사람으로 보이지 않았을 것이다. 이렇게 탈레스의 과학에 대한 집념은 남들로부터 손가락질을 받을 정도였다.

밤마다 별자리를 연구하던 탈레스에게 신화는 결코 과학 지식이 될 수 없었다. 그리스 신화에 따르면 아폴론은 매일 아침 태양 마차를 끌고 하늘을 난다고 한다. 사람들은 태양의 정체가 이 마차라고 믿었다. 과학 지식을 얻은 탈레스는 고대 그리스 신화에 의심을 품었다. 그리고 한 가지 질문을 던진다. 만약 신이 이 세상을 창조하지 않았다면 최초의 아르케는 무엇인가? 이것이 그가 풀어야 할 숙제였다. 탈레스는 그 답을 물에서 찾았다.

안타깝게도 탈레스가 아르케를 왜 물이라고 했는지에 대한 근거나 설명은 남아 있지 않다. 후대 철학자들이 그 이유나 근거를 설명했지만 모두 추측에 불과하다. 여행하며 수학을 배우고 천문학을 공부한 탈레스는 아르케가 무엇인지 궁리하면서 과학 지식을 먼저 생각했을 것이다. '이 세상은 어떻게 생겨났을까?' 하는 질문은 곧 '이 세상의 생명이 어떻게 생겨나고 죽을까?' 하는 질문과 같다. 즉 생명을 살리거나 죽이는 것은 무엇일까? 고대 그리스 사람들은 이 세상을 움직이는 네 가지 기본 물질이 있다고 보고, 그것을 네 가지 요소라고 불렀다. 즉 물, 불, 공기, 흙이다. 탈레스는 이 네 가지 물질 중에서 물을 택했다.

우리는 탈레스가 물을 택한 이유를 그의 여행 경로에서 한번 짐작할 수 있다. 탈레스가 여행한 지역을 보면 이집트와 메소포타미아 지역 등 주로 사막 지역이다. 이런 사막 지역에서 생명을 키우고 죽이는 것은 무엇일까? 만약 네 가지 물질에서 찾으라면 무엇을 택해야 할까? 생명을 키우고 성장시키는 데에는 비옥한 땅, 신선한 공기, 따스한 햇볕도 중요하지만, 물이 없다면 어떻게 될까? 그것도 사막이라는 특수한 지역에서. 그래서 탈레스는 네 가지 기본 물질 중에서 물을 택하지 않았을까. 많은 철학자가 이런 결론을 내리곤 한다.

물론 이 결론은 단지 추측에 불과하다. 탈레스가 다른 이유나 근거를 갖고 물을 아르케라고 주장했을 수도 있다. 하지만 철학사에서는 이를 중요하게 생각하지 않는다. 중요한 것은 탈레스가 처음으로 아르케를 물이라고 말했다는 사실이다.

탈레스가 최초의 아르케를 물이라고 말한 것이 왜 중요할까? 이 세상에는 참 많은 사물 혹은 대상이 있다. 그런데 이 대상은 모두 다르다. 모든 대상은 이렇게 다른 모습을 하고 있지만, 무엇인가 근본적인 물질에서 시작됐을 것이다. 즉 모두 다르게 보이는 대상에서 하나의 근원적인 어떤 요소를 찾을 수 있다는 말이다. 고대 그리스 사람은 신화로 근원적인 요소를 설명했다. 즉 제우스가 중심이 돼 이 세상의 다양한 대상을 모두 만들었다는 것이 고대 그리스 사람의 생각이다. 오직 탈레스만 근원적인 어떤 요소를 '물'이라고 했다.

이 지점에서 아무런 의미도 없을 듯한 탈레스의 주장이 너무나 큰 의미를 갖는다. 신의 이야기로 세상을 설명하지 않고 과학 지식으로 세상을 설명하려는 시도가 처음으로 이루어진 것이다. 탈레스 덕분에 이 세상의 아르케가 무엇인지 설명하려는 철학이 시작됐다. 철학사에서는 바로 이런 탈레스의 생각을 인정해 그를 최초의 서양 철학자라고 부른다.

모든 것은 흐른다고 말한
수수께끼 철학자 헤라클레이토스

사람이 사는 공동체에는 모든 사람이 인정하는 관습이 있다. 이 관습을 어기는 것은 쉽지 않지만 누군가가 한번 관습에 반대하는 주장을 하면 다른 사람이 동조한다. 철학이 바로 그렇다. 고대 그리스 사람은 신화를 믿고 따랐다. 이것은 모든 사람이 따르는 관습과도 같은 것이었다. 그런데 이 신화에 탈레스가 의문을 품자 몇몇 철학자가 같은 생각을 하며 자신의 주장을 펼쳤다. 그중 한 사람이 헤라클레이토스(기원전 535년~기원전 475년)다.

소아시아 에페소스 지방에서 귀족의 맏아들로 태어난 헤라클레이토스는 아버지의 뒤를 이어 에페소스를 다스릴 사람이었다. 하지만 그는 정치보다 철학에 관심이 더 많았다. 자신이 가진 모든 권력을 동생에게 양보하고 당시의 지식인이니 지혜로운 사람이니 하며 자부하는 사람들을 비판하면서 스스로 숨어 지냈다. 덕분에 그는 어둡고 수수께끼 같은 사람, 은둔의 철학자라는 이름을 얻었다.

수수께끼와 같은 철학자 헤라클레이토스는 많은 글을 남긴 것으로 알려졌지만 완전하게 남아 전하는 것은 없다. 다른 고대 그리스 철학자와 마찬가지로 대부분 없어지고 드문드문 남아 있을 뿐이다. 이것들을 모아 정리해 보면 그의 사상은 크게 둘로 나누어 설명할 수 있다.

하나는 모든 것이 흐른다는 만물 유전 사상이며, 다른 하나는 이 세상의 원질이 불이라는 아르케 사상이다. 탈레스는 세상을 만든 원래 물질인 아르케에 관심이 많았다. 헤라클레이토스도 탈레스처럼 아르케에 관심이 많았지만 원질보다는 세상의 변화에 더 관심이 많았다.

세상은 변할까 아니면 변하지 않을까? 이 질문에 대한 답은 항상 정해져 있다. 변한다. 사람이 다섯 가지 감각으로 느끼는 세상의 모든 것은 변한다. 헤라클레이토스도 세상의 모든 것은 변한다고 주장한다. 사실 세상에 변하지 않는 것은 아무것도 없다. 헤라클레이토스는 강물을 예로 들고 있다.

어떤 사람이 흐르는 강물에 발을 담그고 서 있다고 가정하자. 강물은 계속 흐르기 때문에 이 사람의 발 위로 흘러가는 강물은 항상 새로운 강물이다. 사람도 처음 강물에 들어갔을 때와 두 번째 강물에 들어갔을 때는 이미 다른 사람이다. 물론 아주 짧은 시간이긴 하지만 시시때때로 모든 것은 변하기 때문에 강물도 사람도 모두 변한다. 그래서 헤라클레이토스는 어떤 누구도 같은 강물에 두 번 발을 담글 수 없다고 했다. 헤라클레이토스도 변했다. 귀족으로 태어난 헤라클레이토스, 동생에게 자신의 지위를 양보한 헤라클레이토스, 수수께끼와 같은 철학자 헤라클레이토스. 모두 다른 모습이다. 그래서일까? 많은 사람이 이런 헤라클레이토스의 주장에 찬성하고 동의할 수밖에 없었다.

이렇게 사람의 다섯 가지 감각으로 느끼는 세상의 모든 것은 변하는데 왜 사람들은 같은 질문을 계속할까? 질문하는 사람은 세상의 모든 것이 변하지 않는다고 확신하기 때문일까? 아니면 분명히 모든 것은 변하지만, 그래도 그중에서 변하지 않는 것이 있다는 것일까? 질문하는 사람의 생각은 무엇일까? 그렇다. 변하지 않는 무언가가 있는 게 아닐까 하는 생각 때문에 계속 질문을 하는 것이다.

헤라클레이토스는 모든 것이 변한다고 했다. 하지만 헤라클레이토스가 같은 강물에 두 번 다시 들어갈 수 없다고 한 주변의 시냇물이나 강을 한번 보자. 예를 들어서 에페소스 주변을 흐르는 퀴치크(작은)멘데레스강은 헤라클레이토스 시절이나 지금이나 같은 이름으로 불리며 여전히 흐르고 있다. 이렇게 시간이 흐르고 강물의 모습은 변했을지 모르지만, 그 강은 여전히 퀴치크멘데레스로 불리며 남아 있다.

같은 강에 두 번 다시 들어갈 수는 없지만 강은 변하지 않았고, 헤라클레이토스는 나이에 따라 변했지만 항상 같은 사람이다. 이렇게 같은 사물이 항상 변하는 것처럼 보이지만 변하지 않는 것 같기도 하다. "세상이 변할까 아니면 변하지 않을까?" 하는 질문은 바로 이런 것을 두고 묻는 것이다. 세상의 모든 것, 즉 모든 사물이나 대상은 변하지만 그렇게 변하는 것 가운데서도 변하지 않는 어떤 것이 있다. 헤라클레이토스는 탈레스와 다르게 변하는 것 중에서도 변하지 않는 것이 무엇일까에 관심이 있었다.

변하는 것 중에서도 변하지 않는 것은 무엇일까? 시간이 지나도 늘 헤라클레이토스를 헤라클레이토스로 남게 하는 것, 혹은 퀴치크멘데레스

강을 계속 퀴치크멘데레스강으로 있게 해주는 것은 무엇일까? 헤라클레이토스는 만물이 변하면서도 어떤 통일성이 있다고 보았다. 즉 어떤 통일된 법칙에 따라 변하기 때문에 모든 것은 변하는 것처럼 보이지만, 실질적으로는 전혀 변하는 것이 없다. 그럼 무엇 때문에 변하지 않는 것일까? 헤라클레이토스는 그 이유를 불 때문이라고 주장한다.

탈레스는 아르케를 물이라고 했다. 물이 발전하고 변해 세상의 모든 것이 만들어지고 생겨났다. 헤라클레이토스는 불에 의해서 세상의 모든 사물이나 대상이 변한다고 보았다. 불은 타는 특징을 갖고 있다. 불은 타지만 실질적으로 다른 것을 태운다. 불에 탄 모든 것은 타기 전 모습과는 전혀 다른 모습이 된다. 하지만 불에 탄 것도 타기 전의 이름을 갖고 있으며, 혹여 성질이 여전해도 불에 탄 사물의 모습은 완전히 다르다. 이렇게 불은 사물이나 대상을 다른 모습으로 변화시킨다. 우리는 그렇게 변한 모습을 보고 사물이 변한다고 말한다.

헤라클레이토스와 탈레스는 비슷한 시기에 활동한 철학자이며, 두 사람이 태어난 도시도 그렇게 멀지 않은 곳에 있다. 하지만 두 사람의 철학에는 특별한 연관성을 찾아볼 수 없다. 탈레스는 수학과 과학에 관심을 가졌지만, 헤라클레이토스는 전혀 그렇지 않다. 아르케에 대한 두 사람의 생각도 전혀 다르다. 탈레스는 세상의 원래 재료가 무엇인가 하는 것에 관심을 가졌고, 헤라클레이토스는 세상의 변화에 관심을 가졌다.

이런 관점에서 헤라클레이토스의 불은 아르케라기보다 모든 사물을 변하게 하는 근본 물질이다. 불은 끊임없이 타오를 뿐 절대 꺼지지 않지만 한 가지 모습이 아니라 다양한 모습을 보여준다. 이런 불의 특성 때문에 헤라클레이토스는 변하는 만물 중에서 설대로 변하지 않는 것이 불이라고 보았다. 세상이 언제 어떻게 만들어졌는지 모르지만 헤라클레이토스 시대는 물론 지금도 존재하며, 앞으로도 존재할 것이다. 마치 꺼지지 않는 불이 헤라클레이토스 시대부터 지금까지, 그리고 앞으로도 영원히 존재하듯이.

이렇게 헤라클레이토스는 영원히 존재하는 세계와 영원히 꺼지지 않는 불을 같은 것으로 보았다. 즉 헤라클레이토스는 아르케를 이 세상에서 정말로 변하지 않는 것으로 생각했다. 그리고 그것을 불에서 찾았다. 모든 것이 변하고 흐르지만 그래도 변하지 않는 것, 그것을 불이라고 생각한 것이다. 더 나아가 헤라클레이토스는 물물교환의 법칙을 불에 비교한다. 요즘과 다르게 옛날에는 화폐가 없었기 때문에 물물교환을 했다. 물물교환으로 어떤 사람 손에 있던 달걀이 빵으로 변한다. 마찬가지로 불에 의해 밀가루는 향긋한 빵으로 변하고, 달걀은 맛있는 반숙으로 변한다. 헤라클레이토스는 세상의 모든 물건을 불로 바꿀 수 있다고 믿었고, 만물은 불에 의해서 변한다고 보았다.

모든 권력과 명예를 포기하고 스스로 은둔의 철학자를 자처한 사람. 모든 것은 변한다고 주장하면서도 절대로 변하지 않는 불이 있다고 주장한 사람. 헤라클레이토스의 삶과 철학은 모두 양면성을 보여준다. 끊임없이 타오르는 불이 어떤 모양으로 바뀔지 모르고, 그 불에 의해 사물도 어떤 모양으로 바뀔지 모르듯이 말이다.

3장

도덕과 윤리는
꼭 필요할까?

도덕, 윤리

거짓말은 절대 안 된다는
소크라테스

이 세상에 한 사람만 산다고 가정해 보자. 그 사람은 어떻게 살까? 무엇보다 이 사람은 혼자 의식주를 해결해야 한다. 두 사람이 산다면 이들은 함께 의식주를 해결하면서 살 수 있다. 만약 세 사람이 산다면 의식주를 각각 나누어 해결할 수 있어서 훨씬 편할 것이다.

이때 문제도 생긴다. 예를 들어서 셋 중 한 사람이 밥을 짓지 않으면 모두 굶어야 한다. 이런 이유로 두 사람 이상 모여 사는 곳에서는 규율이나 규칙이 생길 수밖에 없다.

이 규칙과 규율은 사회가 구성됐을 때 기본적인 도덕이나 윤리가 된다. 그리고 이 도덕이나 윤리를 바탕으로 법이 만들어진다. 이 법이야말로 사회나 국가를 지탱하는 가장 큰 힘이다. 결과적으로 볼 때 한 사회에서 윤리나 도덕의 중요성이 강조되는 이유가 바로 여기에 있다.

이렇게 사람이 공동체를 이루면서 살아갈 때 지켜야 할 도덕과 윤리의 중요성을 강조한 철학자가 바로 소크라테스(기원전 470년~기원전 399년)다. 소크라테스는 도덕과 윤리를 말하기 위해 사회 혹은 국가의 정의를 강조한다.

"정의란 첫째 절대로 거짓말을 하지 않고, 둘째 빌린 물건을 반드시 돌려주는 것이다."

이 문장은 시모니데스가 한 말이다. 고대 그리스에는 지혜로운 사람이란 뜻을 가진 소피스트가 많이 있었는데, 소피스트는 오늘날 관점에서 전공이라 할 수 있는 자신만의 분야가 있었다. 시모니데스는 여러 소피스트 중의 한 사람이었다. 소크라테스는 이 말을 기준으로 정의가 세워져야 한다고 주장했다.

소크라테스가 내세우는 이 기준이 너무 지나치다고 말하는 사람이 많다. 사람이 살아가면서 절대로 거짓말을 하지 않는다는 것이 가능할까? 흔히 선의의 거짓말이 있다. 상대를 안심시키거나 걱정거리를 줄이기 위해서 우리는 거짓말을 할 때가 있다. 하지만 소크라테스는 절대로 그래서는 안 된다고 주장한다.

남에게 빌린 물건을 어떻게 다루어야 하는지 소크라테스의 생각을 한번 보자. 남에게 물건을 빌렸으면 당연히 돌려주어야 한다. 물론 그렇지 못할 상황이 생길 수도 있다. 소크라테스의 주장을 반대하는 사람들은 소크라테스에게 다음과 같이 묻는다.

"만약 아주 위험한 물건을 빌렸는데, 돌려주려 하니 주인이 정신 이상이 생겼다. 이 위험한 물건으로 그 사람이 무슨 짓을 할지도 모르고 많은 사람을 다치게 할 수도 있다. 그래도 돌려주어야 하는가?"

"우리가 아주 위험한 물건을 상대에게 빌렸다. 빌릴 때는 아니었는데, 돌려주려 하니 상대가 우리와 전쟁을 치르는 나라가 됐고 그 위험한 물건으로 우리나라를 공격해 크게 손해를 입힐 수 있다. 그래도 돌려주어야 하는가?"

"물론 그래도 돌려주어야 한다."

소크라테스의 이런 주장에 대해 많은 사람은 의문을 품는다. 정말 적에게 무서운 무기를 돌려줘 우리가 큰 피해를 입어도 좋단 말인가? 그렇게 생각하는 사람은 많지 않을 것이다. 사람들은 소크라테스에게 정의를 다음과 같이 바꾸면 어떻겠냐고 묻는다.

"정의란 친구에게는 선을 베풀고 적에게는 해를 끼치는 것이다."

선의의 거짓말은 친구이기 때문에 할 수 있다. 위험한 무기는 상대가 정신이 다시 돌아올 때까지 기다린다거나 적군에서 아군으로 바뀔 때까지 돌려주는 것을 보류하는 것이 어떠냐 하는 것이다. 하지만 우리도 알다시피 소크라테스는 너무나 착한 사람이라 적이든 아군이든 친구든 해를 끼치는 것을 싫어한다. 정의란 정의로운 사람의 특징으로 아무리 적이라도 다른 사람에게 나쁜 짓을 하면 안 된다. 빌린 것을 돌려주는 것은 옳은 일이지만, 친구에게 이익을 주기 위해서 적을 해치는 것은 정말 정의로운 사람의 행동이 아니라는 것이 소크라테스의 생각이다.

이렇게 소크라테스에게는 예외라는 것이 없다. 우리는 이렇게 어떤 예외도 인정하지 않는 것을 절대적이라고 한다. 소크라테스는 이런 절대적인 생각으로 자신의 윤리관을 세웠기 때문에 이를 절대적 윤리관이라 부른다.

"정의란 강자의 이익이다."

이는 정의에 대해 다양한 지식을 갖고 있던 소피스트 트라시마코스의 주장이다. 소크라테스의 주장에 반발해 절대적인 것은 없다며 위와 같이 주장했다. 정의를 바탕으로 윤리와 도덕이 정해지고, 그것을 바탕으로 법이 정해진다고 했다. 법을 정하는 사람은 사회를 이끌거나 국가를 경영하는 지도자다. 이런 사람을 트라시마코스는 강자라고 생각한다. 즉 법은 소크라테스의 생각처럼 절대적인 윤리관을 바탕으로 정해지는 것이 아니라, 이런 강자가 자신의 이익에 따라 정한다는 것이 트라시마코스의 주장이다.

정의가 강자의 이익이라는 트라시마코스의 생각은 강자마다 이익이 다르기 때문에 하나의 절대적인 기준이 있는 것이 아니라, 시시때때로 바뀐다는 것을 의미한다. 즉 상황에 따라 달라지기 때문에 우리는 이것을 절대적이란 말과 비교해 상대적이라고 한다. 트라시마코스의 주장은 상대적인 윤리관이다.

그럼 왜 소크라테스는 절대적인 윤리관을 주장했을까? 윤리와 도덕

의 가장 큰 특징은 행복이다. 즉 행복한 삶을 위해 우리는 윤리와 도덕의 규율을 지킨다. 소크라테스는 한 걸음 더 나아가 참되게 알면 덕이 쌓이고, 덕이 쌓이면 행복해진다고 믿었다. 우리는 소크라테스의 이런 생각을 '지덕복합일설'이라고 한다. 아는 것을 실천한다는 지행합일설과도 같다. 아는 것을 행동으로 옮길 때, 덕과 행복이 함께 찾아온다고 소크라테스는 말한다.

소크라테스는 "너 자신을 알라."라는 유명한 말을 남겼다. 이 문장의 의미는 '나는 아는 것이 없다.'라는 말과 같다. 아는 것이 없다는 것은 배우겠다는 것을 전제로 한다. 소크라테스는 이렇게 자신이 무지하다는 것을 인정할 때 참된 지식을 얻을 수 있다고 주장한다. 사람은 왜 악한 행동을 할까? 소크라테스는 악한 행동이 사람에게 나쁜 영향을 주는 줄 모르기 때문이라고 한다. 이런 이유로 소크라테스는 윤리의 절대성을 인정하고 상대성을 인정하지 않는다.

조금씩 상대성을 인정하다 보면 결국 많은 부분에 예외가 인정되고, 악한 행동도 정의로 인정될 수 있다는 것이다. 그래서 소크라테스는 처음부터 어떤 예외도 인정하지 않는 절대적인 윤리관을 중심으로 사회와 국가의 정의를 세워야 한다고 주장한다. 소크라테스는 그렇게 하면 모든 사람에게 지식과 덕과 행복이 함께 찾아올 수 있다고 믿었다.

아리스토텔레스가 말한
중용의 덕

절대로 거짓말을 해서는 안 된다는 소크라테스의 생각이 틀렸다고 생각할 사람은 없다. 소크라테스는 이를 통해서 지식, 덕, 행복을 얻을 수 있다고 했다. 물론 단순히 생각이 아니라 실천을 해야 얻을 수 있다. 실천이 없다면 사람은 지식도 덕도 행복도 얻을 수 없다. 사람은 절대로 거짓말을 해서는 안 된다는 소크라테스의 이 주장을 자신의 덕이나 행복을 위해 실천할 수 있을까?

플라톤의 제자인 아리스토텔레스(기원전 384년~기원전 322년)는 소크라테스의 주장이 실천하는 데 문제가 있다고 보았다. 절대로 거짓말을 해서는 안 된다거나 남의 물건을 빌렸으면 꼭 돌려주어야 한다는 소크라테스의 주장은 사람이 살아가는 사회에서 절대적으로 필요하다. 모든 사람이 그렇게 산다면 우리가 사는 사회는 정말로 이상적인 곳이 될 것이다.

소크라테스는 절대로 거짓말을 하지 않아야 지식, 덕, 행복을 얻을 수 있다고 주장한다. 다시 말해 지식, 덕, 행복은 사람이 살아가면서 얻고자 하는 목적이다. 사람은 이렇게 어떤 목적을 갖고 살아간다. 아리스토텔레스는 더 나아가 사람뿐 아니라 세상에 있는 모든 것이 목적을 갖고 살아간다고 주장한다. 그렇다면 아리스토텔레스에게는 소크라테스의 절대적 윤리도 사람이 살아가면서 추구하는 한 목적에 불과하다.

어떤 사람은 열심히 노래 연습을 하고, 다른 사람은 연기 연습을 하고 있다고 가정해 보자. 그 이유는 여러 가지가 있겠지만, 어쩌면 가수나 배우가 되고 싶은지도 모른다. 즉 노래 연습을 열심히 하거나 연기 연습을 열심히 하는 목적은 가수나 배우가 되는 것이다. 가수나 배우라는 목적을 먼저 정하고 난 다음 사람들은 연습이라는 실천을 한다. 이렇게 사람들은 목적을 이루기 위해서 무조건 실천해야 한다. 그래야 목적을 이룰 수 있기 때문이다.

사람이 어떤 목적을 정하고 실천하려는 이유가 무엇일까? 아리스토텔레스는 선(善)을 이루려는 목적이 있기 때문이라고 주장한다. 문제는 이런 선이 하나만 있는 것이 아니라는 점이다. 선은 그 위에 또 다른 선을 이루려는 목적을 갖는다. 노래 연습을 열심히 하는 것은 가수라는 목적을 이루려는 것이고, 가수가 되고 나면 훌륭한 가수가 되고 싶은 목적이 또 생긴다. 훌륭한 가수가 되면 더 훌륭한 가수가 되려는 목적을 세울 것이다.

이렇게 상위의 목적을 향해 계속 올라가다 보면 더는 상위의 목적이 없는 목적이 있을 것이다. 이것이 바로 최고의 선, 즉 최고선이다. 결국 최고선은 사람의 궁극적인 목적이 된다. 이것을 아리스토텔레스는 행복의 첫 번째 조건인 궁극성이라고 말한다. 자신이 세운 목적을 이루면 진정한 행복을 얻었다고 하지만, 사람마다 목적이 다르다. 일반적으로 사람들은 행복을 부, 권력, 명예와 같은 것에서 찾는다. 가수, 배우, 의사, 판검사 등

등 사람마다 목적이 다르고 같은 목적을 세운다 해도 얼마나 노력하며 실천하는지에 따라 결과가 달라질 수 있다.

아리스토텔레스는 진정한 행복의 두 번째 조건을 '스스로 만족함'이라고 한다. 가수나 배우가 되기 위해서 열심히 노력해도, 노력한 모두가 배우나 가수가 되는 것은 아니다. 하지만 스스로 자신이 이루어낸 것에 만족한다면 진정한 행복을 얻었다고 할 수 있다. 이렇듯 아리스토텔레스에게 행복이란 실천과 노력이 중요하며, 스스로 세운 목적을 이루고 만족하는 것도 꼭 필요하다.

세상의 모든 것에는 목적이 있다고 했다. 그렇다면 세상에 존재하는 모든 것이 행복하다고 할 수 있을까? 일반적으로 사람들은 사람에게만 이성이 있다고 생각한다. 이성 때문에 사람들은 진정한 행복을 얻는다고 볼 수 있다. 이성이 목적을 세우고 궁극적으로 이루었다고 판단하며, 스스로 만족할 수 있기 때문이다. 아리스토텔레스는 생물을 식물, 동물, 인간으로 나눈다. 식물이나 동물에게는 이성이 없을까? 아무도 모를 것이다. 다만 대개 사람들은 식물과 동물에게 이성이 없다고 믿는다. 아리스토텔레스도 같은 생각을 한 것 같다.

아리스토텔레스는 식물, 동물, 인간에게 있는 특징이 '그냥 사는 것'이라고 보았다. 동물과 인간은 '감각을 갖고 사는 것'이며, 인간에게만은 특별히 '이성을 갖고 사는 것'이라는 특징이 있다. '이성을 갖고 사는 것'의 다른 말은 '이성적 영혼'이다. 아리스토텔레스에 따르면 사람은 이성적 영혼이 있기에 최고선인 행복을 얻을 수 있다. 물론 이 행복은 궁극적인 목표를 이루었을 때 얻을 수 있는 스스로 만족하는 행복이다.

식물이나 동물과 다르게 사람만이 이런 최고선인 행복을 얻을 수 있는 이유가 무엇일까? 아리스토텔레스는 이것을 설명하기 위해서 먼저 덕(德)을 설명한다. 덕이란 사람이 어떤 목적을 정하고 행동 혹은 실천할 때 무조건 지켜야 하는 법과 같은 규범이다. 이 덕을 둘로 나누어 하나는 지적인 덕, 다른 하나는 도덕적인 덕이라고 한다.

지적인 덕은 학교나 가정에서 교육을 받으면 생겨나고 꾸준히 발전한다. 지적인 덕을 얻으려면 경험이 많은 사람의 가르침이 필요하고 많은 시간이 걸린다.

도덕적인 덕은 다르다. 습관이나 관습에서 생겨나고 발전한다. 그런데 습관과 관습은 사람의 행동이나 감정에서 생겨나는 것이다. 특히 감정은 사람의 다섯 가지 감각과 욕구와 밀접한 관계가 있다. 바로 여기에 사람의 이성이 필요하다.

감각과 욕구는 자칫 잘못하면 쾌락으로 빠질 가능성이 아주 크다. 이성의 명령에서 벗어나면 쉽게 쾌락의 구렁텅이로 빠질 수 있다. 결국 도덕적인 덕인 습관이나 관습은 이성의 명령에 따르지 않으면 결코 최고선인 행복에 이르지 못한다고 아리스토텔레스는 주장한다. 여기서 아리스토텔레스는 도덕적 덕의 행위로 중용(中庸)을 강조한다.

중용은 양쪽 극단 사이에 있는 중간을 의미하는 것이 아니다. 사람이 감정을 표현하거나 행동을 할 때 모자라지도 않고 지나치지도 않게 정말 적당하고 알맞게 하는 것이 중용이다. 그러므로 중용은 같은 사람이 같은

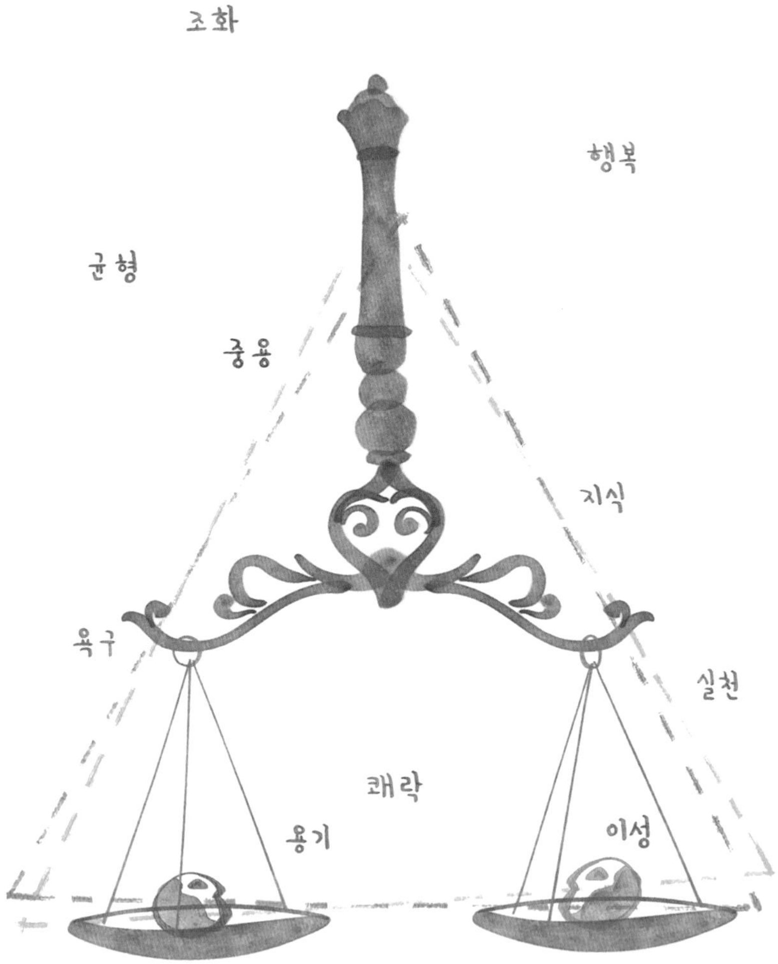

조화
행복
균형
중용
지식
욕구
실천
쾌락
용기
이성
감각
덕

행동을 하더라도 시간과 장소, 자신의 목적에 따라 다를 수 있는 것이 특징이다.

예를 들어 아리스토텔레스는 용기를 설명하면서 지나치면 만용이 되고, 모자라면 비겁하다고 했다. 무엇이 용기일까? 사람마다 다르고 상황이나 장소 혹은 시간에 따라 용기는 다 다르다. 이뿐만 아니라 어떤 목적이나 방법에 따라서도 용기는 다르게 나타날 수 있다. 이렇게 중용은 정확하게 정의할 수 있는 것이 아니라 늘 바뀔 수 있는 특징이 있다.

여기서 또 하나 중요한 이성의 작용이 있다. 바로 의지다. 도덕적 덕은 관습과 습관이라고 했다. 즉 도덕적 덕은 실천이다. 실천할 때는 지나치지도 모자라지도 않는 중용의 실천이 필요하다. 그런데 의지가 약한 사람은 중용이 무엇인지 안다고 하더라도 중용을 실천할 수가 없다. 실천하지 않는 중용은 아무런 의미가 없기 때문에 의지가 강조된다. 몸에 배지 않은 습관이나 관습을 실천으로 옮기기는 쉽지 않다. 아리스토텔레스는 "한 마리 제비가 왔다고 봄이 온 것은 아니다."라는 말로 꾸준히 노력해야지만 중용을 실천할 수 있음을 주장했다.

이렇게 강한 의지로 중용을 꾸준히 실천할 때, 최고선인 진정한 행복이 이루어진다. 그리고 사람들은 스스로 행복이라는 만족감을 얻는다. 사람마다 궁극적인 목적과 만족감이 다르기 때문에 행복도 사람마다 다르게 느낀다는 것이 아리스토텔레스의 생각이다.

4장

진짜란 무엇일까?

인식론

플라톤의
이데아 세계

고대 그리스의 철학자 소크라테스는 많은 제자를 두었다. 그중 가장 유명한 철학자가 플라톤(기원전 428/427년~기원전 348/347년)이다. 플라톤은 철학이라는 학문을 세운 철학자이며, 이후 많은 철학자에게 영향을 주었다. 무엇보다 이후 철학자들은 플라톤의 생각이 좋든 싫든 자신의 철학을 플라톤의 철학에서 시작할 수밖에 없었다. 그만큼 플라톤은 철학을 거의 완벽한 학문으로 만들었다.

귀족 출신인 플라톤은 당시 고대 그리스 귀족과 다르게 정치에는 별로 관심이 없었던 것으로 보인다. 오늘날까지도 민주주의의 시작을 우리는 고대 그리스에 두고 있다. 그만큼 당시 고대 그리스는 민주주의가 발전했다. 바로 그 민주정치 때문에 플라톤은 자신의 스승인 소크라테스가 죽었다고 믿었다. 이런 이유로 플라톤은 다른 귀족과 다르게 정치에는 별로 관심을 두지 않았다.

그러나 소크라테스가 죽은 다음, 플라톤은 어떤 정치제도가 가장 이상적이고 좋은 것인지 고민한 것 같다. 그는 이상 국가라는 정치형태를 주장했다. 이상 국가는 플라톤의 이데아에서 시작한다. 플라톤 철학 중 가장 유명하고 어려운 개념인 이데아는 대체 무엇일까?

먼저 한 가지 예를 들어보자. 어릴 때부터 수학 시간에 참 많이 하는 것이 있다. 도형 그리기다. 삼각형을 그려보자. 처음 삼각형을 그리는 사람은 직선을 제대로 긋지 못해 삐뚤빼뚤한 삼각형을 그릴 것이다. 일반적으로 손재주나 눈썰미가 뛰어난 사람은 그렇지 못한 사람보다는 더 잘 그릴 것이다. 또 도형을 많이 그려본 사람이 그렇지 못한 사람보다 더 잘 그릴 것이며, 나이가 많은 사람이 어린아이보다 더 잘 그릴 것이다. 이렇게 그려진 모든 삼각형은 그 모양이 다 다르다.

잘 그리지 못하는 삼각형을 그리려 애쓰지 말고 머릿속으로 한번 생각해 보자. 정삼각형이란 세 변의 길이가 같고 세 각이 같은 삼각형이다. 어디 부족한 곳이 없다. 선이 삐뚤빼뚤하지 않고 세 각이 조금씩의 오차도 없이 완벽한 정삼각형이 머릿속에서 완성된다. 이뿐만 아니라 머릿속으로 생각한 모든 정삼각형은 그린 것과 다르게 하나같이 똑같다.

플라톤은 바로 이렇게 이데아를 설명한다. 사람의 감각으로 알 수 있는 모든 대상 혹은 물건은 하나같이 다른 모습이며 완벽하거나 완전하지도 않다. 하지만 우리가 머릿속으로 생각하는 대상이나 물건은 늘 완벽하고 완전하다. 이렇게 우리가 감각으로 알 수 있는 존재인 물건에는 원형이 있다. 플라톤은 이를 이데아라고 한다. 즉 현실에서 그린 정삼각형은 각기 다른 모양이지만, 정삼각형의 이데아는 머릿속에 떠올린 완벽한 모습의 정삼각형 하나뿐이다.

다르게 한번 살펴보자. 우리가 정삼각형을 그릴 때 어떻게 그릴까?

정삼각형이 무엇인지 모르는 사람은 주어진 모형을 보고 따라 그린다. 하지만 정삼각형이 무엇인지 아는 사람은 머릿속에서 떠올린 모습을 따라 그린다. 이것을 플라톤의 관점에서 보면 모형이나 머릿속으로 떠올린 정삼각형은 이데아이며, 따라 그린 정삼각형은 대상이나 물건 같은 존재물이다.

이런 관점에 따라 플라톤은 이미 있는 이데아에서 모든 존재물인 대상이나 물건이 생겨난다고 주장한다. 즉 이데아가 먼저 있고, 이데아의 모습을 한 존재물이 생겨난다. 그렇다면 이데아는 어떻게 있을까? 사람은 다양한 종류의 정삼각형을 보거나 그린다. 그렇다면 다양한 정삼각형에 대한 이데아가 다 있는 것일까? 플라톤은 그렇게 생각하지 않는다. 정삼각형의 이데아는 하나만 있고, 그 이데아를 따라 사람들이 다양한 정삼각형이라는 존재를 만들어낸다. 마찬가지로 사람의 이데아가 있으면, 그 이데아에서 다양한 사람이라는 존재물이 생겨나는 것이다. 그리고 이 사람의 이데아는 동물의 이데아에서 생겨 나오는 것이다. 이렇게 이데아도 마치 피라미드처럼 상위 이데아가 존재한다. 결국 가장 상위에 존재하는 이데아가 있을 것이다.

플라톤은 바로 이 가장 높은 곳에 있는 상위 이데아에서 다른 이데아가 나온다고 주장한다. 그리고 이 상위 이데아를 '선의 이데아'라고 말한다. 즉 플라톤의 주장에 따르면 이 세상에 존재하는 모든 존재물은 선의 이데아에서 나온 이데아에 바탕을 둔다. 그렇다면 이데아가 있다는 것을 우리는 어떻게 알 수 있을까?

플라톤은 이데아가 있다는 것을 설명하려고 어두운 동굴을 예로 들었다. 이를 우리는 '동굴의 비유'라고 한다. 동굴 입구에는 횃불이 있고, 동굴 깊숙한 끝에는 마치 영화관의 스크린처럼 흰색 벽이 있다. 흰색 벽 앞에는 사람들이 앞만 보게 묶여 있다. 묶인 사람 뒤로는 담이 있는데, 담 위로 많은 사람이 물건을 끌거나 이고 얘기를 나누며 오간다. 횃불에 비친 이들의 모습이 흰색 벽에 비친다. 벽 앞에 묶여 있는 사람은 어릴 때부터 그곳에 묶여 있었기 때문에 흰색 벽에 비친 모습만 보고 자랐다.

먼저 동굴의 특성을 한번 보자. 동굴은 우선 어둡다. 물론 입구에 횃불이 있다고는 하지만 무척 어두컴컴하고 횃불이 바람에 따라 움직이기 때문에 벽에 비친 그림자는 늘 움직인다. 그리고 동굴에서는 사람의 말소리가 울린다. 크게 얘기하면 할수록 더 심하게 울리는 것이 동굴의 특징이다. 벽 앞에 묶여 있는 사람들은 울리는 소리를 들으며 그림자가 실제 모습이라 생각한다.

하루는 묶여 있던 사람 중 한 사람을 풀어서 동굴 밖으로 데려가 모든 것을 구경시켜 준다고 가정하자. 그들이 보는 실제 모습과 동굴 속에서 본 그림자의 모습이 다름을 알 것이다. 동굴에서 그림자 형태로 본 사람이나 동물은 햇빛 밑에서 본 사람이나 동물과 다르다는 사실을 알 것이다. 플라톤은 바로 여기서 햇빛 밑에서 보는 모든 것이 이데아이며, 그림자로 본 모든 것이 우리가 감각으로 알고 있는 존재물인 대상이나 물건이라고 말한다.

실제 모습을 본 사람이 다시 동굴로 돌아가 다른 사람에게 자신이 본

사실을 얘기하면 믿을까? 아마도 믿지 않을 것이다. 플라톤도 아무리 이데아가 있다고 말해도 일반 사람은 믿지 않을 것이라고 설명한다. 하지만 동굴의 비유에서 보여준 것처럼 다른 사람이 믿든 그렇지 않든 이데아는 있다고 플라톤은 주장한다.

플라톤이 주장하는 이상 국가는 국가의 이데아다. 이데아가 현실에 존재하는 것보다 더 완벽하고 완전하듯이 이상 국가도 당시 고대 그리스에 있던 어떤 정치체제보다 완벽하다. 플라톤은 당시 아테네의 민주주의에 크게 실망했다. 특히 자신의 스승 소크라테스가 민주주의 체제의 재판에서 사형선고를 받은 것에 화가 많이 났다. 그래서 플라톤은 다른 귀족들과 다르게 정치에 관심을 두지 않고 철학 학교인 아카데미아를 세우고 학생들에게 철학을 가르쳤다. 이뿐만 아니라 여러 나라를 여행했다. 각 나라의 정치체제를 공부하고 장단점을 파악하며 연구했다.

이렇게 플라톤은 여러 정치체제를 연구한 다음, 이상 국가라는 새로운 정치체제를 주장한다. 플라톤에게 이상 국가는 가장 완전한 정치체제다. 이는 마치 그가 주장하는 이데아와 같다. 모든 이데아가 현실 세계에 존재하는 것은 아니지만 존재할 가능성이 있다. 국가의 이데아인 이상 국가 역시 현실에 존재할 가능성이 있다. 플라톤뿐 아니라 많은 사람이 실제로 이상 국가가 이루어지길 희망하고 있다.

데카르트가 찾아낸
거짓 없는 진리

우리가 무엇을 아는 것, 즉 지식을 얻는 방법은 아주 다양하다. 그중에서 가장 잘 알려진 것은 두 가지다. 하나는 사람의 다섯 가지 감각으로 사물을 관찰해 아는 것이고, 다른 하나는 생각으로 아는 것이다. 유럽 중세를 우리는 흔히 종교의 시대라고 한다. 신을 믿었던 중세의 많은 정치가나 사상가는 신이 모든 것을 창조했다는 것을 강조하면서 신의 지식을 믿을 것을 강조했다. 철학자도 예외는 아니었다.

그런데 과학이 발달하면서 신의 지식이 조금씩 무너져 갔다. 대표적인 사례가 지동설과 천동설의 충돌이다. 종교에서 아무리 천동설을 주장해도 과학으로 무장한 과학자와 몇몇 철학자는 지동설에 무게를 두었다. 물론 당시 사회 분위기와 교회가 너무 무서워 말은 못했지만 말이다. 이렇게 과학이 발달한 근세에 들어오면서 신의 지식을 반대하는 사람이 나타났다. 이들은 신의 지식을 대신해 새로운 지식을 얻는 방법을 설명했다. 바로 경험론과 합리론이다.

경험론은 사람의 감각으로 지식을 얻는다고 주장하며, 합리론은 생각을 바탕으로 지식을 얻는다고 주장한다. 합리론을 대표하는 철학자이며,

근대 철학의 아버지로 불리는 이가 바로 프랑스 철학자 르네 데카르트 (1596년~1650년)다.

우리는 그를 흔히 의심의 철학자 혹은 회의의 철학자라고 부른다. 그가 이전까지의 철학 혹은 지식 전부를 의심했기 때문이다. 이 의심을 거쳐 그는 자신의 철학을 완성한다. 모든 것을 의심한 철학자가 자신의 철학을 완성했다는 것은 어쩌면 모순이다. 모든 것을 의심했다는 것은 자신의 철학도 의심했다는 것이기 때문이다. 그럼에도 불구하고 데카르트는 지금까지의 모든 지식을 의심하고 자신의 철학을 완성한다. 그가 무엇을 어떻게 의심하고, 또 어떻게 자신의 철학을 완성했는지 살펴보자.

데카르트는 기본적으로 당시 사람들이 철학적 이론으로 생각하는 진리나 지식뿐 아니라 상식 혹은 관습까지도 모두 의심의 대상으로 삼았다. 데카르트가 의심한 철학적 이론에는 스콜라철학과 영국의 경험론자들이 주장한 논리적 방법인 귀납법이 있다. 일반적으로 신의 지식만 있던 중세 철학을 우리는 스콜라철학이라고 한다. 중세에서는 신을 빼고는 학문을 논할 수 없었다. 모든 학문에서 이성적으로 비판을 한다거나 논리적으로 증명한다는 것이 인정되지 않았다. 스콜라철학은 신의 계시라는 독단적 신념이나 학설이 진리로 받아들여졌고, 최고의 권위를 자랑했다. 데카르트는 이런 스콜라철학의 독단적인 신념이나 학설을 의심해야 한다고 보았다.

귀납법은 우리가 흔히 삼단논법이라 하는 연역법과 달리 하나하나의 사건이나 경험을 종합하고 판단해 일반적인 진리를 이끌어내는 방법이다.

실험이나 관찰을 통해 우리는 보다 정확한 지식을 얻을 수 있다. 하지만 이렇게 얻어진 진리나 지식은 완벽하지 않다. 예를 들어서 홍역 예방 주사를 맞은 사람은 평생 홍역에 걸리지 않는다. 독감 예방 주사는 어떤가? 그렇지 않다. 이렇게 경험으로 얻어진 지식이나 진리는 그 결과에 따라 많은 차이를 보이기 때문에 데카르트는 의심할 수밖에 없었다.

다음으로 데카르트가 의심한 것은 상식이나 관습 혹은 선입관 같은 것이다. 일반적으로 상식도 우리는 진리로 받아들이는 경우가 있다. 요즘은 많은 사람이 휴대전화로 문자를 주고받는다. 이때 사람들은 약자나 이모티콘으로 메시지를 표현하는 경우가 있다. 이것은 마치 진리나 지식처럼 사용되지만, 이것을 모르는 사람은 상식 없는 사람이 된다. 과연 이런 것을 모른다고 해서 상식이 없는 사람일까? 데카르트는 상식이 마치 지식처럼 우리의 생활이나 사회에 널리 승인된 모습을 의심했다.

개인이 가진 주관적인 편견이나 선입견은 어떨까? 언어 논리는 철학 이론을 진리로 만들기에 충분할 정도로 완전한 평가를 받고 있다. 그러나 이 논리에는 많은 오류가 있는데도 마치 진리처럼 사용된다. 이런 논리적 오류를 데카르트는 개인의 주관적인 편견이나 선입견으로 보았고, 논리는 단지 전제와 가설에 불과하다고 보았다. 하지만 논리를 사용하는 사람은 이를 진리라 생각한다. 사람은 대개 한번 좋게 본 것은 어떤 경우에도 좋게 본다. 반대로 한번 나쁘게 본 경우에는 역시 어떤 경우에도 좋게 보지 않는다. 이런 이성의 주관적인 판단인 편견이나 선입견을 데카르트가 의심한 것은 당연한 일이다.

한 지역이나 시대에 인정받았던 전통과 관습은 어떤가? 데카르트는 철학적 진리가 시간과 상소와 관계없이 항상 인정받아야 한다고 보았다. 그러나 전통과 관습은 그렇지 못하다. 비록 전통과 관습은 시간이 지나면서 윤리적인 규율로 자리 잡고, 좀 더 나아가면 법으로 제정되기도 하지만 모든 전통과 관습이 그렇게 되는 것은 아니다. 시간과 장소에 따라 늘 변한다.

사람의 다섯 가지 감각으로 얻은 지식이나 진리는 어떨까? 사람마다 감각 능력은 다르다. 뛰어난 감각 능력으로 다른 사람이 알지 못하는 것을 찾아내는 사람도 없지 않다. 그것도 문제지만 더 큰 문제는 사람의 감각으로는 존재하는 사물의 외부, 즉 현상만을 파악할 뿐이지 그 사물의 본질은 파악할 수 없다는 것이다. 존재물의 본질을 파악하지 못하는 감각적 경험으로 얻은 지식이야말로 데카르트에게는 의심의 대상이 될 수밖에 없다.

데카르트가 지금까지 의심한 내용을 우리는 충분히 이해할 수 있다. 하지만 다음 두 가지는 조금 다르다. 쉽게 이해할 수 없는 내용을 데카르트는 의심의 대상으로 삼고 있다. 그중 하나가 꿈과 현실을 의심한 것이다. 흔하지는 않지만 사람들은 아침에 깨어나기 전에 꿈을 이어서 꾸는 경우가 있다. 비몽사몽간에 알람 소리를 들어도 너무 피곤해 일어날 수 없을 때 잠깐 깼다가 다시 잠들어 꿈을 이어서 꾸는 경우가 있는 것이다. 이때 데카르트는 꿈과 현실이 혹 바뀐 것은 아닌가 하고 의심한다. 우리가 깨어 있는 것, 즉 현실이 꿈이고 우리가 밤에 꾸는 꿈이 현실이 아닌가 하는 의심이다. 쉽게 이해할 수 없지만, 데카르트는 이런 것까지도 의심했다.

그다음으로는 수학적 진리다. 이것은 정말 쉽게 이해할 수 없는 내용이다. 하지만 데카르트는 의심의 대상으로 삼았다. 데카르트는 '5+7'을 예시로 들어 설명한다. '5+7'의 결괏값은 당연히 '12'다. 그런데 데카르트는 답이 '12'가 아니라 '13'이나 '14'일 수도 있다고 말한다. 우리가 '5+7'을 계산할 때마다 악마가 나타나 우리의 귀에다 속삭인다는 것이다. '5+7'은 '13'이나 '14'가 아니라 '12'니 그렇게 적으라고 말이다. 그래서 우리는 정답이 아닌 오답 '12'를 적고서는 맞다고 말하는 것이 아니냐는 것이다.

그럼 왜 데카르트는 이렇게까지 의심을 했을까? 이렇게 의심을 한다는 것은 무엇을 의미할까? 아니 의심은 무엇으로 할까? 바로 생각이다. 데카르트는 모든 것을 의심해도 의심하는 주체인 '생각'만은 의심할 수 없다는 사실을 알았다. 이런 이유로 데카르트는 그 유명한 "나는 생각한다. 그러므로 존재한다."(Cogito ergo sum)라는 유명한 명제를 남겼다. 이 명제를 바탕으로 그 위에 하나하나 진리를 쌓아간다면, 그 진리야말로 어떤 의심도 할 수 없는 철학적 진리가 될 수 있다고 보았다.

이렇게 데카르트는 자신의 시대까지 진리라 불리던 모든 것을 방법적으로 의심했다. 이런 합리성과 이성을 바탕으로 방법적 회의를 하면서 데카르트는 더욱 확실한 지식이나 진리를 얻을 수 있다고 믿었다. 이런 데카르트의 방법을 철학사에서 합리론이라 하며, 중세의 그리스도교적인 스콜라철학의 독단주의에서 벗어났다 해 데카르트를 근대 철학의 아버지라 부른다.

5장

진정한 행복은
어디 있을까?

쾌락과 금욕

마음의 평안을 찾아 나선
에피쿠로스학파

철학자, 소크라테스. 그는 참 많은 것을 오늘날까지도 철학에 남겨주었다. 그는 살아 있는 동안에도 많은 것을 남겼다. 우리는 흔히 소크라테스가 겸손하거나 검소한 사람이라고 말한다. 자신은 아무것도 아는 것이 없다고 말하며 다른 사람에게 가르침을 원했고, 평생 날씨와 관계없이 단벌옷에 맨발로 다닌 사람이었다.

소크라테스가 죽자 많은 사람은 그의 철학보다 그의 삶을 더 닮으려 노력했다. 급기야 소크라테스보다 더 겸손하고 검소하게 살려는 사람들이 나타나 무리를 이루었다. 철학사에서는 이들을 '작은' 소크라테스학파라 해 소(小)소크라테스학파라 부른다. 소소크라테스학파 중에 퀴레네학파가 있다. 이들은 소크라테스보다 한발 더 나아가 무소유(아무것도 갖지 않는 것)를 주장한 학파이다.

사람은 살아가면서 참 많은 일을 한다. 그 일과 관련해서 후회도 하고 의심도 품는다. 하지만 쾌락만큼은 어떤 의심이나 후회도 할 수 없다고 주장한 철학 학파가 퀴레네학파다. 이들은 사람이 살아가면서 얻는 행복의 총합계는 쾌락의 합과 같다고 믿었으며, 쾌락은 육체적인 방법, 명예, 부,

명성 등으로도 얻을 수 있다고 생각했다.

쾌락주의자로 잘 알려진 에피쿠로스(기원전 341년~기원전 270년)는 퀴레네학파의 영향을 많이 받았다. 퀴레네학파의 영향을 받은 에피쿠로스는 육체적인 쾌락을 받아들인다. 그 결과 에피쿠로스는 쾌락이야말로 축복받은 삶과 같다고 주장한다. 쾌락은 삶의 시작과 끝이며, 우리가 추구하는 모두의 참된 선과 같은 것이다.

일반적으로 사람은 고통보다는 쾌락을 좋아한다. 만약 둘 중 하나를 택하라면 어느 누구도 쾌락을 선택하는 데 망설이지 않을 것이다. 그래서 에피쿠로스는 쾌락이야말로 좋은 것과 나쁜 것을 선택하는 시작이라고 보았다. 그 결과 쾌락을 선택하면 좋은 것으로 만족하지만, 선택하지 않으면 나쁜 것으로 고통을 맛보게 되는 것이다. 바로 이런 관점에서 에피쿠로스는 쾌락을 선택하고 고통을 멀리하는 것이 이성의 문제가 아니라 바로 본성의 문제라고 주장한다.

하지만 에피쿠로스는 윤리 문제에 관심을 가지면서 육체에 직접 영향을 주는 쾌락보다는 간접적이고 온건한 쾌락에 관심을 보인다. 그러다 보니 자연스럽게 감각적이고 육체적인 쾌락보다는 지속적이고 정신적인 쾌락을 추구했다. 에피쿠로스는 여기서 인간의 욕구 혹은 욕망에 관해서 얘기한다.

사람은 살아가면서 참 많은 욕망이나 욕구를 품는다. 에피쿠로스는 이 욕구나 욕망을 자연스러운 것과 꼭 필요한 것, 이렇게 둘로 나누었다. 사람에게 꼭 필요한 욕구나 욕망은 자연스러우면서도 필수적인 것이다.

고급 요리나 음식은 음식이란 관점에서는 자연스러운 것이지만 꼭 고급스러울 필요는 없기에 필수는 아니다. 에피쿠로스는 고급 사치품을 소유하고자 하는 마음을 자연스럽지 않으며 필요하지도 않은 욕망이라고 보았다. 사치품 자체가 자연스럽지 않으며 필요한 것도 아니기 때문이다.

결과적으로 에피쿠로스가 보기에 자연적이면서 필수적인 욕구가 최소한으로 충족될 때 정신적이고 지속적인 쾌락을 얻을 수 있다. 그렇다면 이런 쾌락은 어떤 것을 말하는 걸까? 에피쿠로스는 사람이 살아가는 데 가장 기본적인 것이 의식주라고 했다. 고급스럽지도 사치스럽지도 않은 최소한의 의식주를 충족하는 것이 바로 그가 원하는 자연스러우면서 필수적인 욕구다.

바로 이런 욕구를 기본으로 에피쿠로스는 조용한 도시 외곽에 농가를 하나 얻어 공동체를 세웠다. 그는 남녀노소 구별하지 않고 자신을 찾아오는 모든 사람에게 철학을 가르쳤다. 특히 자신의 철학을 가르치면서 다음 네 가지를 강조했다. 가장 먼저 우정이다. 우정은 사람에게 가장 값진 보물이라며 특별히 중요성을 강조했다. 에피쿠로스가 자신의 학파에 여러 계층의 사람을 받아들여 가르치다 보니 자연스럽게 우정을 강조한 것으로 보인다.

법이 강조되는 사회는 법만 잘 지키면 구성원이 살아가는 데 아무런 문제가 없다. 하지만 에피쿠로스학파는 법으로 사람을 다스리는 곳이 아니다. 오히려 법보다 사람 사이에서 생긴 신뢰나 조화가 학파를 이끌어가는 중요 원동력이다. 그렇다 보니 자연스럽게 우정을 강조하며 가족 같은 분위기로 학파를 이끌었다.

그다음은 욕망 혹은 욕구다. 에피쿠로스는 사람에게 꼭 필요한 두 가지 욕구인 자연스러운 것과 필수적인 것을 한 번 더 강조하기 위해 욕구 혹은 욕망을 중요하게 생각하고 가르쳤다. 실질적으로 에피쿠로스는 의식주에 꼭 필요한 것만 있으면 사람이 살아가는 데 아무런 문제가 없다고 보았고, 그래야만 잠시 왔다 사라지는 감각적이고 육체적인 쾌락에 빠지지 않고 지속적이며 정신적인 쾌락을 얻을 수 있고 즐길 수 있다고 믿었다.

에피쿠로스가 세 번째로 중요하게 생각한 것은 쾌락이다. 에피쿠로스는 쾌락이야말로 유일한 선이며, 고통이야말로 유일한 악이라고 본다. 에피쿠로스에게 있어서 쾌락이란 일반인이 생각하는 것과 다르게 마음이나 정신이 불안하지 않고, 육체가 고통을 받지 않는 편안한 상태다. 정신이 느끼는 고상하고 가치 있는 쾌락은 육체나 감각이 느끼는 쾌락보다 훨씬 더 우월한 것이다. 사람은 참 많은 불행을 겪으면서 살아간다. 그래서 에피쿠로스는 지속적이고 정신적인 쾌락에 의존하고 살아갈 때, 우리가 겪는 불행에서 빠져나오고 극복할 수 있다고 주장한다.

마지막으로 에피쿠로스가 자신의 학파에서 강조하며 가르친 것은 죽음에 관한 것이다. 사람들이 죽음을 두려워하거나 걱정하는 것은 죽음 그 자체보다는 죽음에 대한 두려움 때문이라고 에피쿠로스는 보았다. 또한 죽음과 인간의 삶은 절대로 함께할 수 없다고 생각했다. 그래서 이런 말을 했다고 한다.

"죽음을 두려워하거나 걱정할 필요는 없다. 죽음은 아무것도 아니다. 우리가 살아 존재하는 동안에 죽음은 절대로 존재할 수 없다. 그리고 죽음이 우리를 찾아와 존재하는 순간 우리는 더 존재하지 않는다."

이런 관점에서 에피쿠로스는 사람이 생각할 필요가 없는 것 중에서 가장 필요 없는 생각이 바로 죽음에 관한 생각이라고 보았다. 이런 에피쿠로스의 주장에서 우리는 사려 깊고 고상한 생각을 통해 정신적 쾌락을 얻어 정의롭게 살 방법을 찾아야 할 것이다. 이뿐만 아니라 삶이라는 긴 시간을 생각한다면 순간적인 쾌락이 아닌 지속적인 쾌락을 추구해야 한다.

에피쿠로스는 자신의 사상을 완성하기 위해서 도심 외곽에 집을 얻었다. 그 집 주변에 높은 담을 쌓고 모든 것을 자급자족했다고 한다. 높은 담을 쌓고 자급자족을 하다 보면 자연스럽게 다른 사람과 만나는 일이 많지 않고, 부족한 물건이 많았을 것이다. 이 두 가지 상황 역시 그의 쾌락 사상에 나타나 있다.

남과 만나지 않는다는 것이 아타락시아(ataraxia), 즉 평정심을 위한 것이라고 에피쿠로스는 주장한다. 마음에 편안함을 얻는 것이다. 가장 자연스러우면서 필수적인 것만 가지라고 요구한 에피쿠로스는 자신의 학파 사람들이 부자연스럽고 필수적이지도 않은 사치품에 욕심을 내지 못하도록 집 주변에 높은 담을 쌓았는지도 모른다. 사람들은 아무리 마음을 단단히 먹어도 욕심날 만한 물건이나 대상을 보면 갖고 싶은 마음이 생길 수 있기 때문이다.

에피쿠로스학파 사람들은 모두가 물과 빵만 먹고 살았다고 한다. 그야말로 자연스럽고도 필수적인 음식이다. 평정심과 최소한의 욕구에서 지속적이고도 정신적인 쾌락이 나온다고 믿은 에피쿠로스는 그 신념대로 자신의 학파를 이끌었다.

불행을 이기는 이성의 철학,
스토아학파

플라톤과 아리스토텔레스가 확립한 고대 그리스 철학은 알렉산드로스 대왕과 함께 그리스 식민지 여러 나라에 영향을 주었다. 알렉산드로스가 죽은 다음, 고대 그리스 식민지 국가에서는 그리스 문화와 철학을 받아들여 새로운 문화를 꽃피운다. 역사에서는 이것을 헬레니즘이라고 한다.

문제는 헬레니즘 시대에 도시국가 간의 전쟁으로 사회가 혼란했고, 도시국가가 빠르게 붕괴하면서 시민들이 안정된 생활을 할 수 없게 됐다는 점이다. 알렉산드로스가 지배하던 거대한 영토가 알렉산드로스와 함께 붕괴하고 분리된 것이 가장 큰 원인이었다.

바로 이 시기에 아테네에서는 학파 둘이 나타나는데, 하나는 일반적으로 쾌락주의로 불리는 에피쿠로스학파이고, 다른 하나는 금욕을 강조한 금욕주의다. 이들의 윤리 사상은 알렉산드로스 때부터 고통받던 아테네 시민의 마음을 어루만지고 아테네 시민을 하나로 묶는 계기를 마련했다. 이 윤리 사상으로 마음의 평화 또는 평온함을 얻은 아테네 사람들은 대화를 하면서 남들과 함께하고 자유를 사랑하는 방법을 얻은 것으로 보인다.

두 사상 중 하나인 금욕주의를 이끈 철학자가 바로 키프로스의 키티

온에서 태어난 제논(기원전 335년~기원전 263년)이다. 민주주의의 발생지답게 아테네에는 사람들이 모여 자유롭게 토론할 수 있는 공공건물이 많았다. 공공건물은 앞이 기둥이고 뒤가 벽으로 돼 있어 사람들은 여기에 자유롭게 앉아 토론할 수 있다. 이런 건축물의 기둥을 '스토아'라 불렀다. 키티온의 제논이 아테네의 시장, 즉 아고라의 스토아에서 사람들과 많은 얘기를 나누었기 때문에 제논을 따르는 무리를 스토아학파라 불렀다.

소크라테스의 죽음은 아테네 사람들에게 많은 영향을 미쳤다. 소크라테스의 검소함은 물론 이성적인 생각까지도 아테네 사람들에게는 큰 감명이었다. 이후 아테네 사람 일부는 소크라테스의 겸손하고 소박한 삶을 본받기도 했지만, 또 다른 일부는 그의 사상과 생각을 본받으려고 노력했다. 제논은 소크라테스의 삶과 사상을 모두 받아들인 철학자라 할 수 있다. 삶의 즐거움인 쾌락이나 그로 인한 고통을 별로 중요하게 생각하지 않고, 윤리적으로 착한 행동을 늘 강조했던 소크라테스의 철학을 그대로 받아들인 것이다.

윤리나 도덕은 학문적 이론이 아니라 실천의 문제다. 그렇다면 착한 사람은 어떤 사람일까? 어떻게 행동해야 착한 사람일까? 제논은 이성적으로 행동하는 사람이 착한 사람이라고 믿었다. 이렇게 이성을 강조한 제논은 에피쿠로스와 마찬가지로 감각적이거나 육체적인 쾌락은 일시적이기에 추구하지 않았다. 이런 쾌락으로는 진정한 행복을 얻을 수 없다는 것이다.

그렇다면 제논을 비롯한 스토아학파는 이성적으로 행동하는 사람이 어떤 사람이라고 생각했을까? 우리는 살아가면서 참 많은 것과 얽히고설킨다. 즉 많은 사람과 교류를 하면서 살아간다. 공적인 관계를 맺으며 살아가는 것은 어쩔 수 없지만, 개인적인 관계에 얽매이지 않고 살아가는 일은 가능할 것이다. 제논은 이런 삶을 추구하는 사람을 이성적으로 행동하는 사람이라고 한다.

살아가면서 사람과 교류하는 것은 어쩌면 당연하다. 제논은 사람이 열정과 욕망이 없다면 교제가 없다고 본다. 열정적인 사람이나 무엇인가 얻고자 하는 사람의 경우, 다른 사람을 만나 교류한다. 이렇게 무엇을 얻고자 하는 사람은 하고 싶은 행동이나 말을 하지 못하고 상대의 비위를 맞추어야 한다. 이때 사람은 냉철한 판단을 할 수 있는 이성을 상실한다는 것이 제논의 생각이다.

왜 사람은 이성을 잃어버리면 안 될까? 스토아학파는 이성이 질서를 갖고 있다고 보는데, 그 질서는 자연의 질서와 같다. 그렇기 때문에 사람은 자연의 질서 안에서 이성의 질서에 따라 생각하고 살아간다는 것이다. 스토아학파는 이렇게 세계나 우주의 질서를 자연의 질서로 설명하기 때문에 자연이 곧 세계나 우주라 해도 틀리지 않는다. 바로 이런 관점에서 제논은 일시적이고 육체적인 쾌락에서 벗어나는 것이 곧 행복이라는 결론에 도달한다. 육체적이고 감각적인 쾌락은 이성적이지 못한 것이기 때문에 불행할 뿐 아니라, 자연의 질서에 어긋나고 세계가 원하는 것도 아니다.

왜 스토아학파는 이성적 행복을 논하면서 자연의 질서를 논했을까? 이성적인 행동으로 행복을 얻고 정신적인 쾌락을 얻는다고 하지만, 이성

에는 한계가 있을 것이다. 이런 이성적 한계를 자연의 질서로 뛰어넘을 수 있다고 제논은 본 것 같다. 그래서 이성적 질서와 자연의 질서를 같은 것으로 보았다.

더 중요한 점은 이 자연의 질서에 흔히 우리가 말하는 세속적이고 감각적인 행복이 없다는 것이다. 스토아학파는 이 때문에 육체적인 쾌락을 멀리할 것을 요구하며 금욕주의를 부르짖는다. 에피쿠로스와 마찬가지로 스토아학파도 의식주부터 거론한다. 좋은 음식을 먹고 사치품을 소유하거나 좋은 집에서 살며 의식주를 해결하는 것을 지향하지 않는다. 에피쿠로스의 표현처럼 자연적이고 필수적인 방법으로 의식주를 해결해야 한다고 스토아학파도 말한다. 물질적인 안락함이나 풍요로움으로는 결코 인간이 행복을 얻을 수 없다고 보았기 때문이다.

이렇게 스토아학파는 우주와 세계의 질서 그리고 자연의 질서를 사람의 이성적 질서와 같은 것으로 보고 사람의 행복을 논한다. 즉 세계나 우주는 같은 질서에 놓여 있고, 인간의 이성적 질서와 엮여 있다. 이런 관점에서 우주, 세계, 자연은 인간의 이성으로 연결돼 있다고 스토아학파는 보았다. 우주, 세계, 자연의 질서를 이성적 질서와 같이 본다는 것은 사람의 이성적 능력 덕분이다. 바로 여기서 우리는 이성이 자연 안에서 일어나는 모든 것을 파악하고 지배하고 있음을 알 수 있다.

이를 반대로 말하면 우주의 질서 안에 세계의 질서가 있고, 세계의 질서 안에 자연의 질서가 있으며, 자연의 질서 안에 인간의 이성이 있다고 할 수 있다. 즉 우주, 세계, 자연의 질서에 대해서는 잘 모르지만, 이성을 가진 나는 분명 그들과 밀접한 관계를 유지하면서 그 안에 있다는 결론이 나온다.

여기서 우리는 스토아학파가 주장하는 필연성을 볼 수 있다. 스토아학파에서는 이 필연성을 사람의 본성과 연관 지어 설명한다. 이성으로 사람이 자연의 질서 속에서 살 수밖에 없다면, 사람이 본성을 따라 산다는 것은 곧 이성의 질서에 따라 사는 것이 된다.

그래서 스토아학파에서는 인간에게 일어나는 모든 사건이 인간의 본성에 따라 일어나며, 동물이나 식물에게도 그들의 본성에 맞지 않는 일은 결코 일어나지 않는다고 가르친다. 즉 모든 것은 필연적으로 일어날 수밖에 없기에 사람을 포함해 동물이나 식물도 본성에 따라 살아야 한다는 것이다. 여기서 스토아학파는 아파테이아(apatheia), 즉 부동심(욕망에 흔들리지 않는 마음)을 강조한다.

이성적 질서가 우주의 질서와 인과관계에 있다고 스토아학파가 아무리 주장해도 그것을 이해할 수 있는 사람이 얼마나 될까? 이를 이해하는 사람만이 인간도 자연의 일부라는 사실을 인정하고, 자연의 질서에 따른 이성의 질서도 이해할 수 있다.

자연을 보라. 욕심도 열정도 없다. 최소한 스토아학파는 자연을 이렇게 보았다. 그에 반해 사람은 참 많은 욕심을 갖고 산다. 그래서 스토아학파는 자연을 닮은 인간, 우주의 질서 속에 사는 사람만을 지향할 것을 주장한다. 무언가를 보고 욕심내지 않는 사람, 즉 금욕하며 자연을 닮고자 하는 사람을 원한다. 여기서 그들은 부동심을 강조하기도 한다. 사람은 더 나은 것을 보면 욕심을 내고 진정한 행복에서 멀어진다. 이 때문에 스토아 학파는 욕망에 마음이 흔들리지 말라고 금욕을 강조하고 부동심을 강조한 것이 아닐까.

6장

신은 존재할까?
믿어야 하는 존재일까?

신의 존재

슈퍼스타 예수의
숭고한 믿음

뮤지컬 작곡가 앤드루 로이드 웨버 하면 누구나 세 작품을 떠올릴 것이다. 그중 하나가 〈지저스 크라이스트 슈퍼스타〉다. 웨버는 자신의 작품 중 이 곡이 만들기 가장 어려웠고, 다시는 이런 곡을 쓸 수 없을 것이라고 했다. 이 작품의 주인공이 누구인지 모르는 사람은 없을 것이다. 그렇다. 예수다. 물론 이 작품 속에 등장하는 예수와 성경 속에 등장하는 예수와는 약간 차이가 있다.

이 작품 속에 등장하는 세 단어를 한번 보자. 첫 번째 단어는 지저스(Jesus), 즉 예수의 영어 발음이다. 기원전 2년과 4년 사이에 태어나 기원후 30년 혹은 33년에 죽은 것으로 알려져 있다. 12월 25일 베들레헴에서 아버지 요셉과 어머니 마리아 사이에서 태어났다. 죽은 날은 3월에서 4월 사이 어느 금요일이다.

세상을 다스릴 왕이 태어날 것이라는 예언과 함께 태어난 예수는 유대 왕 헤로데 1세의 폭정을 피해 이집트로 가서 살았다. 이후 부모의 고향 나사렛으로 돌아와 목수로 생활했기 때문에 우리는 그를 '나사렛의 예수'라고 한다. 옛날에는 이름과 달리 성(姓)이 사람들 사이에서 널리 쓰이지 않았다. 그래서 자신이 태어난 고향의 명칭을 이름과 함께 사용해서 같은 이름을 가진 사람을 구별했다. 예수도 그 경우 중 하나다.

예수가 태어나 활동한 곳은 오늘날 팔레스타인 지역으로 흔히 우리가 말하는 구약성경에 나오는 유대 민족의 주요 활동 지역이다. 구약성경에 따르면 유대 민족은 예언자나 지도자가 될 사람에게 먼저 머리에 기름을 발라 자신들을 이끌 사람으로 세웠다. 그리스어에 어원을 둔 크리스투스 (Christus)는 머리에 기름 부음을 받은 자라는 뜻이며, 히브리어로는 메시아라고 한다. 크리스투스의 영어 표기가 바로 크라이스트(Christ)다.

이집트에서 모세의 기적을 일으키며 팔레스타인 지역으로 온 유대 민족은 늘 자신들을 잘 이끌어줄 메시아로서 지도자나 예언자를 기다렸고, 이렇게 태어난 사람이 예수였다. 물론 이런 예수를 메시아로 인정하는 민족도 있지만, 그렇지 않은 민족도 있다.

구약성경에 따르면 유대 민족은 신의 도움으로 이집트에서 잘 빠져나와 자신들이 살아갈 곳이 마련됐다고 믿는다. 다른 관점에서 보면 유대 민족은 신이 자신들만을 사랑한다고 믿는다. 이런 유대 민족의 생각을 우리는 신이 특별히 어떤 민족만을 선택해 사랑한다는 의미에서 선민사상이라한다. 유대 민족의 또 다른 특징은 그들이 구약성경 중 법, 즉 율법에 관련된 내용만 철저히 믿는다는 것이다.

예수는 성인이 되면서 목수 생활을 그만두고 세례자 요한으로부터 세례를 받은 다음, 종교 지도자로 나선다. 예수가 가장 먼저 한 일은 바로 유대 민족의 선민사상과 율법주의를 비판하는 것이었다. 구약성경에 따르면 유대 민족의 율법은 신의 말을 인간이 기록한 것이다. 여기서 예수는 인간이 기록한 율법을 지나치게 지키려다 보면, 그 안에 담긴 신의 사랑을 볼 수 없다고 주장한다.

신이 인간을 사랑하듯 인간도 인간을 사랑해야 한다. 신이 인간을 사랑해 율법을 지킬 것을 강조했다는 것은 곧 인간이 인간을 사랑해 율법을 지켜야 한다는 의미다. 그런데 인간은 율법만 보고 신의 뜻을 보지 않으니, 인간을 사랑하지 않고 오히려 갈등만 일으킨다고 예수는 생각했다. 예수는 이렇게 율법을 비판하며 신을 사랑하고, 인간 스스로 신이 인간을 사랑한 것만큼 사랑할 것을 주장한다. 예수는 자신을 사랑하는 것처럼 네 이웃을 사랑하라고 말했다.

기원전 27년 아우구스투스가 공화정을 폐지하면서 로마제국이 시작됐지만, 그 전부터 로마 민족은 이탈리아를 넘어 그리스와 북아프리카를 지나 근동 지역까지 식민지로 삼았다. 그 넓은 지역을 다스릴 수 없었던 로마제국은 해당 지역 출신의 왕을 인정하고 특정 지역을 다스리게 했다. 그 지역 왕을 다스릴 총독 혹은 총독 대리를 로마제국에서 파견하는 식으로 실질적인 권력을 주었다.

예수가 태어날 때 유대 지역의 왕이 헤로데 1세이며, 예수에게 사형을 선고한 총독이 로마제국에서 파견한 폰티우스 필라투스다. 예수가 유대 민족이 기다렸던 크리스투스 혹은 메시아인지 아닌지는 아무도 모른다. 게다가 종교 지도자로서 예수가 얼마나 훌륭한 연설이나 설교를 했는지도 정확하지 않다. 하지만 예수의 발길이 닿은 곳마다 수없이 많은 사람

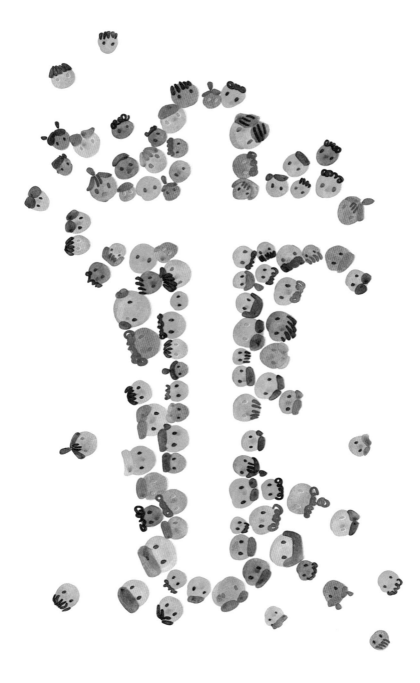

이 모여 그의 말을 들었다.

우리는 역사의 양면성을 본다. 로마제국은 식민지를 넓히려고 허수아비 왕과 총독에게 막강한 정치 권력과 힘을 주었다. 예수는 식민지 지역 사람들에게 로마제국에서 벗어나게 해줄 한 가닥 불빛이며 실낱같은 희망이었다. 강한 권력과 힘을 가진 지배자와 아무런 힘도 없는 피지배자가 부딪히면 누가 이길까? 결과는 누가 봐도 뻔하다. 로마제국은 다른 식민지에 희망의 불빛을 주지 않으려고 예수를 죽일 것을 결정했고, 그것을 안 예수는 조용히 자신의 제자와 마지막 만찬을 즐긴다.

예언이란 말은 인간이 갖지 못한 신비한 힘이다. 예수는 세상을 다스릴 왕이라는 예언과 함께 태어났다. 예수도 이 사실을 알고 있었을까? 아니면 몰랐을까? 그가 남긴 설교를 살펴보자. 예수는 많은 설교를 했다. 그 중에서 가장 대표적인 것이 산상설교다. 산 위에서 설교했다고 하는데 실제 그렇게 높은 산은 아닌 것 같다.

이 설교에서 오늘날까지 전해오는 문장 둘에 우리는 주목해야 한다. 하나는 원수를 사랑하라는 것이다. 우리는 예수를 일반적으로 종교 지도자로 본다. 그렇다면 예수의 이 설교에서 우리가 생각할 수 있는 것은 무엇일까? 바로 신의 사랑은 선택적 사랑이 아니라 절대적 사랑이라는 점이다. 산상설교에서 주목할 두 번째 문장은 내가 대접받은 만큼 남을 대접하라는 것이다. 여기서 우리는 모든 사람의 평등성을 본다. 누군가를 불평등하게 대하면 나도 불평등한 대우를 받는다는 것이다.

이 두 문장에서 예수가 우리에게 하고 싶은 얘기는 이렇다. 예수의 윤리적 기준은 사랑이며 절대적이고 평등하다. 물론 이런 절대적이며 평등한 사랑이란 윤리적 기준은 오늘날 그리스도교의 보편적 사상임을 우리는 잘 알고 있다.

역사적 사실인지는 모르지만 헤로데 1세가 예수를 죽이려고 예루살렘에서 2세 이하 남자아이를 모두 죽였다는 얘기가 전설처럼 전해지고 있다. 폰티우스 필라투스는 로마제국의 위대한 발전을 위해 예수에게 사형선고를 내렸다. 예수를 따르는 무리와 예수를 믿는 사람들도 처참하게 죽어갔다. 하지만 예수를 믿고 따르는 사람은 줄지 않았다.

로마인은 나사렛 예수라며 매우 얕잡아 보았지만, 그를 추종하는 많은 사람은 예수 그리스도라며 자신들을 이끌어줄 예언자 또는 지도자로 받아들였다. 2000년이 지난 지금은 어떤가? 전 세계 인구 세 명 중 한 명에 해당하는 25억 이상의 사람들이 예수라는 이름만 들어도 흥분하고 눈물 흘리며 찬양하고, 그만을 따를 것을 맹세한다. 여기에서 우리는 뮤지컬의 마지막 퍼즐을 찾아낸다. 이 정도면 예수를 슈퍼스타라 해도 전혀 이상하지 않을 것이다.

313년 콘스탄티누스 1세는 밀라노칙령을 발표해 종교의 자유를 선언했고, 380년 테오도시우스 1세는 테살로니카칙령을 발표해 그리스도교를 로마제국의 국교로 선포했다. 다신교가 지배적인 로마제국을 하나로 묶기 위한 수단일 수도 있겠지만, 예수의 윤리적인 기준인 절대적이고 평등한 사랑이 국교가 된 가장 큰 이유가 아닐까?

이성과 신의 존재,
아우구스티누스의 믿음

오늘날 이스라엘 지방에 자리 잡고 살던 유대인들은 유일신을 믿으며 자신들을 구해줄 크리스투스 혹은 메시아를 기다리고 있었다. 어느 날 예수가 태어났고, 크리스투스를 기다린 사람들 중에는 그를 인정하는 사람이 있었고, 인정하지 않는 사람도 있었다. 예수를 인정한 사람은 그를 크리스투스라 부르며 종교 지도자로 삼았다. 이후 이 종교는 크리스투스의 영어 발음을 따라 그리스도교라 하고 그 신자를 크리스천이라 한다. 우리나라에서는 한자에서 따와 기독교인이라 불린다. 물론 기독교는 종교개혁 이후 가톨릭과 개신교로 나누어졌다.

로마제국에서 그리스도교를 국교로 정하면서 다양한 문제가 생겼다. 로마는 지중해 연안의 유럽과 근동, 북아프리카의 여러 나라를 기반으로 제국을 수립했다. 그 결과 민족뿐 아니라 종교도 다양했다. 이처럼 다양한 종교를 가진 사람들에게 유일신을 믿는 그리스도교를 국교로 정하고 믿게 하다 보니 문제가 없을 리가 없었다.

종교는 교리를 중심으로 믿도록 가르친다. 그리스도교 초기에 교리를 가르친 사람을 교부라고 한다. 교부들이 할 일은 로마제국의 다양한 종교를 가진 다양한 민족의 사람들에게 그리스도교를 전파하는 일이었다. 하지만 교부들도 그리스도교의 교리를 어떻게 정립하고 설명해야 할지 잘 몰랐다. 교부 중에는 철학자가 많았는데, 교부가 된 철학자는 종교적인 교리도 철학적인 관점에서 접근했다. 교부 철학자 중 가장 대표적인 사람이 아우렐리우스 아우구스티누스(354년~430년)다.

교부 철학자가 다양한 신을 믿던 사람들에게 유일신 사상인 그리스도교를 전파하기 위해서 가장 먼저 한 일은 스스로 유일신을 인정하는 것이다. 교부 철학자는 무한한 천상의 세계와 유한한 지상 세계도 인정해야 한다. 플라톤은 세상을 이데아 세계와 우리가 사는 실제 세계로 구별했다. 아우구스티누스는 이런 플라톤의 생각에 영향을 받아 이데아 세계를 무한한 천상의 세계로 실제 세계를 유한한 지상 세계로 설명한다.

알제리에서 태어난 아우구스티누스는 어릴 때 그리스도교보다 마니교에 심취해 있었다. 그리스도교에서는 인간의 선과 악을 설명하면서 유일신인 하느님이 선을 만들었지만, 악은 만들지 않았다고 한다. 즉 악은 사람이 살아가면서 스스로 나쁜 길에 빠져 저지르는 행동이다. 하지만 마니교는 선을 다스리는 신 오르마즈드와 악의 신 아흐리만을 인정한다. 이 두 신의 싸움을 세상의 변화로 보는 것이 마니교의 교리다.

아우구스티누스는 어머니의 설득으로 그리스도교를 믿으면서 유일신에 관한 생각도 달라진다. 이때 가장 많은 영향을 받은 철학이 바로 플라톤 철학이다. 플라톤은 이상 국가가 되기 위해서는 국가든 개인이든 절제, 용기, 지혜, 정의 이렇게 네 가지 덕이 필요하다고 주장한다.

아우구스티누스는 예수의 절대적이고 평등한 사랑에 심취했다. 예수는 종교적인 관점에서 믿음과 소망을 강조하지만, 사랑을 더 강조한다. 아우구스티누스는 예수의 사랑과 플라톤의 네 가지 덕을 같은 관점에서 본다. 바로 여기서 아우구스티누스는 사랑을 중심으로 자신의 도덕과 윤리를 체계화한다.

플라톤의 이데아 세계에는 가장 위쪽에 최고선의 이데아가 있다. 최고선의 이데아에서 모든 이데아가 나온다. 플라톤 철학에 영향을 받은 아우구스티누스에게 이 최고선은 곧 유일신이 된다. 플라톤은 최고선의 이데아를 단순히 가상적인 이데아로 보지 않고 사람의 이성적 생각으로 충분히 대상화할 수 있다고 주장한다.

아우구스티누스도 유일신이 최고선이기 때문에 인간에게 악을 주지 않는다고 본다. 더 정확하게 표현하면 우리가 신을 사랑하면 선한 행동만 하고 악에는 절대 빠지지 않는다. 선을 행한다는 것은 진정한 행복에 이르는 길이다. 즉 유일신을 이성적 인식으로 생각하지 않고 대상으로 존재한다고 믿는다면 인간은 선만 행하고 행복하게 살 수 있다는 것이 아우구스티누스의 생각이다.

여기서 문제가 하나 생긴다. 대상이 있는 것과 대상을 믿는 것은 다르다. 유일신을 믿는다는 것은 모든 사람이 다 받아들일 수 있다. 믿는다는 것은 우리가 감각으로 파악할 수 있는 대상이나 어떤 물건이 없어도 가능하다. 하지만 대상이 있다고 믿는 것은 다르다. 우선 실질적으로 어떤 물건처럼 대상이 있어야 대상이 있다는 것을 믿기 때문이다.

교부 철학자가 가장 힘들어했던 것이 바로 이 유일신을 이성적 인식을 넘어 대상으로 존재한다는 사실을 믿게 하는 것이었다. 그래서 몇몇 교부 철학자는 '신 존재 증명'을 시도했다. 증명이란 대상이 있다는 것을 확인하거나 보여주는 것이다. 신 존재 증명이란 신이 실질적으로 존재한다는 것을 증명하는 것이다. 아우구스티누스도 이런 시도를 한 철학자다.

플라톤이 완전한 이데아 세계와 불완전한 실질 세계를 구별한 것과 마찬가지로 유일신 사상에는 영원한 세계와 유한한 세계가 존재한다. 이데아의 세계는 실질 세계와 다르게 모든 것이 완전하고 완벽하다. 그렇다면 유일신이 사는 영원한 세계도 완전하고 완벽하다. 아우구스티누스의 신 존재 증명은 바로 이 완전함과 완벽함에 기반을 두고 있다.

플라톤이 말한 최고선의 이데아와 마찬가지로 유일신은 최고선이다. 우리는 이 최고선인 신을 사랑해 선을 행하고 악을 멀리하면 행복을 얻을 수 있다. 그리고 인간의 영혼이 행복을 추구한다고 아우구스티누스는 주장한다. 영혼이 행복을 추구한다는 것은 무슨 뜻일까? 우리가 무엇을 찾을 때 외부에서도 찾을 수 있지만 내부에서도 찾을 수 있다. 아우구스티누스에 따르면 행복은 누군가가 주는 것이 아니라 스스로 얻는 것이라고 한다. 그렇다면 영혼은 행복을 내부에서 찾아야 한다.

행복에 기준이 있을까? 가장 완벽한 행복이 있을까? 분명한 것은 사람마다 행복의 기준이 다 다르다는 것이다. 하지만 자신에 만족해 행복을 외부나 다른 곳에서 찾지 않는다면 그것은 완전한 행복이라고 할 수 있다. 이렇게 변하지 않는 완전한 행복을 얻을 수 있는 것은 완전한 행복을 가진

유일신이 실제로 있기에 가능하다. 이렇게 아우구스티누스는 완전한 행복을 설명하면서 신의 존재를 증명했다.

아우구스티누스는 젊었을 때 품었던 악에 관한 문제도 유일신을 인정하면서 쉽게 풀었다. 완전하고 완벽한 유일신이 모든 것을 창조했지만 악을 창조할 리가 없다는 것이다. 최고선인 유일신은 인간에게 많은 자유를 부여했다. 인간은 이렇게 유일신으로부터 부여받은 자유를 남용했다. 그 첫 번째가 바로 그리스도교에서 주장하는 원죄론이다. 유일신은 선과 악을 구별할 수 있는 나무인 선악과를 심어놓고는 인간에게 절대로 그 열매를 따 먹지 말라고 했다. 하지만 인간은 자유의지에 따라 그 열매를 따서 맛있게 먹었다. 유일신의 지시를 어긴 이 최초의 죄가 바로 원죄다.

이후 많은 사람은 자신의 자유의지에 따라 죄를 짓고 악을 저지른다. 결국 아우구스티누스는 인간 스스로가 자유의지를 지나치게 남용해서 죄를 짓고 악을 저지른다고 본다. 인간이 스스로 자유의지를 남용해서 악을 저지른다면, 그 악을 막을 방법은 없을까? 바로 여기서 아우구스티누스는 유일신의 은총이 필요함을 강조한다. 자유의지가 강한 인간은 노력만으로 결코 악을 저지르지 않을 수 없다는 것이다. 아우구스티누스는 유일신의 은총만이 인간을 악으로부터 구원할 수 있다고 주장한다. 이렇게 아우구스티누스는 플라톤 철학을 바탕으로, 예수 그리스도의 사랑을 중심으로 자신의 윤리 사상을 정립했으며, 악의 문제는 유일신의 은총으로 해결했다.

7장

올바른 국가와 사회의 모습이란?

사회철학

군주에게 강한 힘을!
마키아벨리

로마제국이 그리스도교를 국교로 받아들인 이후 종교의 힘은 도는 지구를 멈추고 멈춘 태양을 돌릴 만큼 엄청났다. 하지만 그렇게 견고한 힘을 가진 종교도 과학의 힘 앞에서는 어쩌지 못하고 서서히 무너져 갔다. 우리는 인쇄술, 나침반, 화약을 중세를 바꾼 3대 발명품이라 한다. 과학은 이렇게 발명품을 앞세워 지구가 둥글고 태양을 중심으로 돌고 있다는 사실을 알아냈다. 여기에 종교의 힘을 약화한 또 하나의 원인을 찾아보라면 십자군 전쟁을 꼽을 수 있다.

십자군 전쟁과 과학의 발달은 종교의 힘만 약화한 것이 아니다. 종교와 가장 밀접한 관계에 있던 군주, 즉 황제나 왕 혹은 귀족의 힘도 함께 약해졌다. 종교의 몰락은 어쩌면 일반 민중이나 시민들에게는 기쁜 소식일 수도 있다. 하지만 군주의 몰락은 꼭 그렇지만은 않았던 것 같다. 군주의 중요성과 필요성 혹은 군주의 강한 힘을 외친 철학자가 있었기 때문이다. 대표적인 철학자가 바로 니콜로 마키아벨리(1469년~1527년)다.

마키아벨리는 국가의 발전과 백성의 복리를 증진하기 위해서라면 군주가 수단과 방법을 가릴 필요가 없다고 주장했다. 어떤 목적을 위해 수단과 방법을 가리지 않는다는 마키아벨리즘은 오늘날 대부분 나라에서 수용하지 않는 아주 위험한 이론이다. 그럼 왜 마키아벨리는 이런 위험한 주장을 했을까?

과학의 발달과 십자군 전쟁의 실패는 유럽의 많은 군주에게 실망만 안겨주었다. 특히 신의 이름으로 모든 것을 해결할 수 있다고 믿었던 신성로마제국의 군주들 사이에서 반목과 보이지 않는 알력이 더 심했다. 여기에 찬물을 부은 것이 바로 종교개혁이다. 결국 신성로마제국의 군주들은 자신의 나라를 위해 동맹과 배신을 이어갔다. 이 동맹과 배신에 가장 피해를 본 국가가 바로 이탈리아다.

우리는 신성로마제국이란 말에서 로마, 즉 이탈리아반도 전체가 중심이 돼 제국을 이끌어나가는 모습을 떠올릴 수 있다. 하지만 로마제국과 다르게 신성로마제국 당시에 이탈리아반도는 여러 나라로 나누어져 여러 군주가 통치하고 있었다. 마키아벨리는 이렇게 분열된 이탈리아가 통일될 수는 없다고 판단했다. 그래서 그는 통일을 위해 무엇이 필요할까를 생각했고, 그 답으로 강한 군주를 떠올린 것이다.

이탈리아 통일이라는 목적을 위해서라면 강한 군주가 나와 수단과 방법을 가리지 말고 정치를 했으면 하는 것이 마키아벨리의 생각이다. 이런 그의 생각은 현대인과 당시 이탈리아의 여러 군주 모두에게 무척 위험한 모습으로 보였다. 그는 어떤 군주를 원했기에 당시뿐만 아니라 오늘날까지도 그의 생각이 위험하다는 평가가 있는 것일까?

마키아벨리는 우선 현실적인 군주가 될 것을 바란다. 플라톤은 이상 국가를 통해 정말 이상적인 철인(哲人) 정치가를 묘사한다. 플라톤 이후 많은 철학자는 플라톤의 철인 정치가가 통치하는 국가를 상상했다. 실제로 군주 중에는 철인 정치가가 되기 위해 노력한 군주도 있었다. 여기서 마키아벨리는 현실적인 감각이 없거나 현실을 소홀히 여기는 군주라면 결코 권력을 유지할 수 없다고 주장한다.

군주는 수없이 많은 사람을 상대해야 한다. 그중에는 비양심적이거나 비윤리적인 사람이 많다. 고결하고 윤리적인 군주가 이들과 상대하면 결과는 너무나 뻔하다. 군주가 자신의 나라를 지키려면 당연히 부도덕한 행동을 할 준비가 돼 있거나 비양심적인 사람이 될 각오를 해야만 한다.

사람에게는 상반되는 성품이 있다. 너그러움, 자비, 충직함, 용기, 정직과 같은 긍정적인 성품이 있는가 하면 그 반대로 인색함, 잔혹함, 배반, 허약함, 교활함과 같은 부정적인 성품도 있다. 군주도 사람이다. 그리고 군주는 신하들과 논의하고 상의해 국가를 경영한다. 그렇다면 군주는 어떤 성품을 가져야 할까? 긍정적인 성품만 가지면 될까? 아니면 부정적인 성품도 가져야 할까? 일반적으로 군주는 모든 백성에게 인자하게 보여야 하기 때문에 부정적인 성품보다는 긍정적인 성품을 가지고 미소 지으며 고결하게 행동해야 한다.

마키아벨리는 이런 군주의 행동이 국가를 파멸로 이끌 뿐이라며, 사악하고 악랄한 행동을 해야 그 국가가 번영하고 발전한다고 주장한다. 여기에 몇 가지 예를 들고 있다. 먼저 군주의 너그러움이다. 너그러움은 허세에서 나오는 것이기 때문에 사치로 이어진다. 군주의 사치는 백성의 세금이기 때문에, 백성이 궁핍해진다. 세금을 줄이면 군주는 인색해진다. 군주가 너그러움을 포기하는 순간 스스로 인색해지지만, 백성은 궁핍에서 벗어날 수 있다. 그러므로 군주가 너그러움이란 긍정적 성품보다는 인색함이란 부정적 성품을 갖는 게 백성과 국가를 위하는 길이다.

다음에는 잔혹함과 자비를 보자. 모든 군주는 잔혹한 군주보다 자비로운 군주이기를 원한다. 하지만 자비로운 군주는 국가 질서를 잡을 수가 없다. 국가를 무질서하게 방치하는 것보다 몇 사람을 본보기로 잔혹하게 다스리는 것이 국가 질서를 잡는 데 오히려 도움이 된다. 물론 이때 군주는 두려움의 대상이 된다. 군주는 스스로 존경의 대상이 될 것인가 아니면 두려움의 대상이 될 것인가를 정해야 한다. 한꺼번에 둘 다 이루지 못할 바에 군주는 존경의 대상보다 두려움의 대상이 돼서 국가 번영을 도모해야 한다.

나머지도 마찬가지다. 마키아벨리는 남을 잘 배반할 줄 알고 위선에 능한 군주가 그렇지 못한 군주보다 국가에 이익이라고 주장한다. 평화기에는 귀족이든 백성이든 모두가 군주에게 충성을 맹세하지만, 전쟁이 찾아오면 변덕스러운 백성은 바로 약속을 어기고 군주를 배반한다. 이때 군주는 결코 국가의 몰락을 막을 수 없다.

카르타고의 영웅 한니발은 여러 민족의 군인들과 함께 수없이 많은 전쟁을 했지만, 말도 다르고 문화도 다른 군인들 사이에 어떤 문제도 생기지 않았다. 마키아벨리는 그 이유를 한니발의 무자비함과 잔혹함에서 찾는다. 군인들에게 한니발의 통솔 방법은 엄청난 두려움이었다고 한다. 군

주에게 무자비함과 잔혹함이 없다면 한니발과 같은 통솔 능력도 전쟁의 승리도 얻을 수 없다.

마키아벨리는 군주가 사자의 힘과 여우의 지혜를 지녀야 한다고 한다. 사자는 힘으로 늑대를 이길 수 있지만, 잘못하면 인간의 덫에 걸릴 수 있다. 여우는 늑대를 이길 힘이 없지만, 교활한 성격 덕분에 절대로 덫에 걸리지 않는다. 군주 역시 나라와 나라 사이 혹은 인간관계에서 덫에 걸리지 않으려면 여우와 같은 지혜가 필요하며, 늑대와 같은 음흉한 인간을 누르려면 사자와 같은 힘이 필요하다.

마키아벨리는 군주가 인간이 지닌 긍정적인 성품이나 부정적인 성품을 모두 갖추지 않으면 안 된다고 주장한다. 군주는 자신의 주변 몇몇 참모들과 국가 경영을 논의하고 상의한다. 그래서 군주가 볼 수 있는 사람은 많지 않다. 그런데 백성은 어떤가? 백성은 자신의 복리 증진이 모두 군주에게 있다고 생각하고 군주만 바라본다. 바로 이런 관점에서 마키아벨리는 군주가 모든 성품을 다 지니고, 필요에 따라 그 성품을 갖춘 척 행동해야 한다고 주장한다.

군주가 부정적 성품을 보이면 백성은 분노와 불만족을 드러내고, 결국 음모로 이어진다. 이런 사실을 우리는 역사에서 많이 보았다. 마키아벨리는 이탈리아를 사랑하는 충성스러운 마음에서 군주가 수단과 방법을 가리지 않고 백성의 복리 증진만 생각해야 한다고 말한다. 군주는 필요에 따라 자신의 모습을 보여주어야 한다며 마키아벨리즘의 중요성을 강조한다.

유토피아를 꿈꾼
토머스 모어

로마제국의 그리스도교는 교황 중심의 권위와 제도를 바탕으로 발전했다. 그러다 보니 교황이나 교회의 뜻을 황제나 왕도 어길 수 없었고, 그만큼 그리스도교는 강한 권위와 힘을 갖게 됐다. 하지만 과학 발달과 십자군 전쟁의 실패로 절대로 깨지지 않을 것 같던 그리스도교의 견고한 법칙과 규율에 금이 갔다. 게다가 많은 지식인이 고대 그리스의 문화와 철학을 좇는 새로운 문화를 만들었다. 이것이 바로 르네상스 운동이다.

고대 그리스 철학에서는 인간의 중요성을 다루었다. 반면에 중세 그리스도교 문화에서 자란 중세 철학은 인간보다 신의 중요성이 강조됐다. 그렇다고 해서 고대 그리스 문화에 신이 없었던 것은 아니다. 고대 그리스의 신은 인간적이었으며, 국가의 주인은 신이 아니라 인간이었다. 이런 인간성을 되찾자는 것이 르네상스 운동이다.

인간성이란 다른 말로 인간의 생각이다. 즉 르네상스는 인간의 생각을 자유롭게 표현하자는 운동이다. 신이 최고인 중세에서는 모든 인간이 신의 의지에 따라 살아야 할 뿐 인간의 생각을 표현하는 것은 불경죄에 해당했다. 지구가 돈다는 생각을 자유롭게 표현했다가는 사형선고를 받기도

했다.

르네상스 운동은 이탈리아에서 시작해 전 유럽에 퍼져나간 문예부흥 사상이기도 하다. 이때 많은 철학자가 나타났는데 영국에서는 토머스 모어(1478년~1535년)가 대표적이다. 르네상스 시대의 특징은 생각을 자유롭게 표현했다는 데 있다. 그렇다고 모든 생각을 다 표현할 수 있는 것은 아니었다. 종교와 교황의 권위가 무너졌다는 것은 황제나 왕의 권위가 올라갔음을 의미하기 때문이다. 귀족이나 일반 서민은 황제나 왕의 명령에 따르는 것이 당연했다.

로마제국의 지배를 벗어난 영국은 바로 앵글로색슨족의 침입을 받아 7개 왕국으로 나누어져 칠왕국 시대를 맞이한다. 927년 가장 남쪽에 위치한 웨식스 왕국이 칠왕국을 통일하고 통일 잉글랜드 왕국이 된다. 이 시기 유럽에서는 동로마제국이 거대한 힘을 갖고 지중해 시대를 열고 있었다. 즉 영국은 다른 유럽에 비해 그만큼 모든 면에서 뒤떨어져 있었다.

모어가 살던 시대를 보자. 당시 영국은 잉글랜드의 튜더 가문과 스코틀랜드의 스튜어트 가문으로 나누어져 있었다. 헨리 8세는 절대왕정을 유지하며 튜더 가문을 잇기 위해 여섯 번이나 결혼했지만, 결국 아들과 두 딸의 뒤를 이을 계승자가 없어 스튜어트 가문과 다시 합칠 수밖에 없었다. 모어는 바로 헨리 8세의 절대왕정에 대항한 르네상스 철학자다.

흔히 우리는 모어를 이상 사회 철학자라고 한다. 왜 사람들은 이상 사회를 추구할까? 이유는 간단하다. 현실 사회가 불만스럽기 때문이다. 그래서 이상 사회를 추구하는 철학자는 단 두 가지만 요구한다. 하나는 미래

사회에 관한 자신만의 생각이다. 다른 하나는 불만스러운 현실 사회의 개혁이다.

현실을 개혁하려면 현재 사회와 이상 사회가 무엇이 다른지 뚜렷한 목표가 있어야 하며, 개혁을 위한 기준이 분명해야 한다. 이런 기준과 목표는 이상 사회를 위한 원동력이다. 이상 사회를 제시하려면 현실 사회보다 더 나은 사회라는 신념과 믿음이 주어져야 한다. 이 두 가지가 주어져야 현실 사회에 사는 사람이 개혁을 시도할 것이다.

모어는 유토피아라는 이상 사회를 제시했다. 유토피아는 어디에도 없는 곳이란 뜻이다. 유토피아는 말 그대로 이상 사회다. 하지만 이상 사회는 현실 사회보다 나은 사회다. 아무 곳에도 없다고 해서 이상 사회를 제시하지 못하는 것은 아니다. 현실 사회에 불만을 품고 개혁을 원하는 사람은 아무 곳에도 없는 그 사회를 본으로 삼아 현실 사회를 이상 사회로 만들 수 있기 때문이다.

그래서 모어는 유토피아에서의 삶을 강조한다. 그 모습을 한번 들여다보자. 모어는 유토피아라는 이상 사회의 제도, 풍습, 교육, 정치, 사회, 문화, 종교 등을 다양하게 설명한다. 가장 중요한 것은 노동이다. 아무리 이상 사회라 해도 생산물이 있어야 사람이 살 수 있다. 물론 크게 문제 되지 않는다. 유토피아에서 사유재산은 인정되지 않고, 모든 재산이 공동재산이다. 모든 사람이 함께 일하고 함께 나누기 때문에 일을 많이 할 필요가 없다.

유토피아에서는 노동보다 더 중요하게 생각하는 것이 있다. 그것은

곧 휴식이다. 사람은 한 국가의 재산이다. 사람은 국가를 위해 노동해야 한다. 그렇지 않으면 사회가 움직일 수 없기 때문이다. 이상 사회에서 노동은 6시간으로 제한하고, 잠은 8시간 자며 남는 시간은 모두 자유롭게 사용한다. 모든 사람이 이렇게 일을 하므로 이상 사회에서는 모든 물건이 풍족하다. 국가에서 이 모든 것을 관리하고 균등하게 분배하기 때문에 거지가 없는 것은 당연하고 가난한 사람도 없다.

모어가 얘기하는 유토피아에서 가장 특이한 것은 교육이다. 모든 사람이 읽고, 쓰고, 셈을 하려면 교육은 필수다. 이후 교육에 대해서 정해진 것이 없지만 평생 여가를 이용해 공부하도록 국가에서 장려한다. 하지만 국가를 경영할 사람이나 지도자 양성을 위해서 계속 교육하고, 스스로 공부를 원하는 사람도 계속 교육한다. 국가 지도자가 되기 위한 교육을 받는 사람에게는 노동을 시키지 않는 특징도 있다.

유토피아에도 철학은 있다. 이상 사회의 철학을 통해 사람들은 정신적인 쾌락과 육체적인 쾌락을 동시에 즐긴다. 정신적 쾌락은 진리를 깨닫는 것, 잘 살아온 과거 회상, 미래에 좋은 일이 있을 것이라는 확실한 기대감 등이다. 육체적 쾌락은 음악을 듣거나 음식을 먹으면서 신체 기능을 충족하는 것이 첫 번째다. 두 번째 육체적 쾌락은 신체를 편안하게 하고 병에 걸리지 않고 정상적인 활동을 해서 얻는 쾌락을 말한다.

유토피아에서는 바로 이런 점에서 정신적 쾌락을 더 좋아한다. 더 나아가 쾌락에 집착하는 것보다 더는 쾌락이 필요 없게 되는 것을 더 좋아한다. 고대 그리스 이후 많은 철학자가 쾌락을 논의했는데, 쾌락 자체가 필요 없는 삶을 주장한 모어의 생각은 유토피아라는 이상 사회에서만 가능한 것으로 보인다.

유토피아의 사회제도를 보면 오늘날 우리가 추구하는 바와 닮은 점도 많다. 예를 들자면 불치병 환자에게 안락사를 시키는 것이 대표적이다. 모어의 유토피아는 최고의 의료 시설을 자랑한다. 하지만 불치병은 어디에나 늘 있다. 이런 경우 환자의 고통을 생각해 안락사를 국가가 권유할 수 있다고 모어는 말한다.

그 외에도 일부일처제를 어긴 사람이나 간통자는 최고 사형을 처한다는 제도가 있는데, 이는 어떤 경우에도 가정을 지켜져야 한다는 모어의 생각이 그대로 담겨 있다. 지적장애인을 대하는 태도도 모어는 아주 남다르다. 바보의 어리석은 행동을 보고 즐거워할 줄 알아야 한다고 모어는 주장한다. 이런 바보들의 어리석은 행동을 보고 재미를 느낄 수 있는 여유가 있어야 그들을 돌볼 생각을 하고 행동을 한다는 것이다. 그러나 지적장애인을 보고 조소를 짓는다거나 흉내를 내는 것은 법으로 금지한다.

모어는 이렇게 아무 곳에도 없는 사회를 이상 사회로 그리고, 현실 사회보다 더 나은 사회라고 주장한다. 어쩌면 모어는 이상 사회를 영국의 미래로 보고, 현실 사회보다 더 나은 미래 사회를 영국 사람들에게 보여준 것인지도 모른다. 물론 현실은 냉정했다. 헨리 8세는 종교개혁으로 성공회를 새로 만들었는데, 모어는 과감하게 헨리 8세의 행동이 이상 사회와 맞지 않다고 주장했다. 그 결과는 안타깝게도 사형이었다.

계약을 통한 국가의 탄생,
홉스의 리바이어던

로마제국의 심장이라 할 수 있는 이탈리아에서 르네상스가 일어났다는 것은 역사적으로 의미하는 바가 크다. 이탈리아의 단테로부터 시작된 르네상스는 유럽을 넘어 영국으로 들어간다. 당시 영국은 유럽에 비해 잘사는 나라가 아니었고 강한 힘을 가진 나라도 아니었기 때문에 유럽의 침공을 두려워하고 있었다. 특히 바다에서 적수가 없어 무적함대라고 불리던 스페인의 해군은 영국 사람들에게 공포의 대상이었다.

토머스 홉스(1588년~1679년)의 어머니는 무적함대가 영국을 공격한다는 소문에 놀라 달을 채우지 못하고 아들을 낳았다. 많은 철학자가 영국의 르네상스 철학자 홉스의 철학이 바로 이 공포와 함께 시작됐다고 주장한다.

홉스는 공포를 느끼는 데 그치지 않고 그 공포를 떨칠 수 있는 보호막이 필요하다고 보았다. 그는 군주의 보호를 이용하면 백성이 공포를 이겨낼 수 있다고 주장한다. 이것이 바로 사회계약론이다. 혼자 사는 사회를 한번 상상해 보자. 이 같은 경우 어떤 누구의 간섭도 받지 않는다. 이 사람은 완전히 자연 상태에 놓여 있다. 자연 상태에 놓인 사람은 완전한 자유를 누릴 것이다. 하지만 자연 상태가 주는 위험에 노출돼 있고, 그 위험을 막아줄 아무것도 없다는 단점이 있다.

두 사람이 살면 어떻게 될까? 한 사람이 한 사람을 간섭할 것이다. 이 때부터 자연 상태와 달리 어느 정도 도움을 받을지 모르지만, 개인의 자유 역시 어느 정도 제한을 받는다. 많은 사람이 사는 경우, 공동체가 잘 굴러 가려면 지배자 한 사람을 뽑을 것이다. 물론 이때 나머지 사람은 자신의 권리를 지배자로부터 보장받는다는 조건이 붙을 것이다.

이렇게 국가가 생겨난다. 홉스가 설명하는 국가의 기원에 따르면 자 신의 권리를 보장받기 위해 개인은 결국 지배자 선출에 동의하게 된다. 누 구의 지배를 받는다는 것은 자신의 완전한 자유를 보장받지 못한다는 의 미다. 결국 인간은 자신의 자유를 보장받기 위해 자신의 자유를 포기하는 이상한 상황에 처한다.

홉스는 그 이유를 인간의 특징에서 찾는다. 국가를 구성하는 것은 인 간이다. 그러므로 국가를 알려면 먼저 인간이 무엇인지를 알아야 한다. 홉 스는 인간이 무엇인지 알기 위해 인간의 특징부터 살펴본다. 인간에게는 많은 특징이 있지만 가장 주목할 점은 감각과 이성이 있다는 사실이다.

인간은 감각과 이성을 갖고 무엇을 할까? 사물을 경험하고 지식을 얻 고 진리를 전한다. 이렇게 지식을 얻기 위해 인간은 감각과 이성 중 무엇 부터 사용할까? 홉스는 감각이라고 말한다. 감각으로 외부 사물을 경험하 고, 그 경험을 바탕으로 상상하며 외부의 모든 것을 인식할 수 있다고 홉 스는 보았다. 물론 감각은 불확실하고, 상상은 더 불확실하다는 점도 인정한다. 그래서 정확한 언어의 사용과 논리적인 생각을 이끌어내는 이성이 필요하게 된다. 이렇게 감각이 없으면 어떤 것도 인식할 수 없다는 것이 바로 홉스의 주장이다.

두 번째, 인간을 움직이는 힘은 운동이다. 모든 사람이 결코 부정할 수 없는 것은 사람이 무엇인가 해야 한다는 사실이다. 즉 움직인다는 것이다. 그래서 감각과 운동이 없으면 인간은 결코 존재할 수 없다.

감각을 이용해 무엇인가 알기를 원하고 끊임없이 운동하는 인간은 어떤 상황에 있을까? 분명 혼자가 아닌 무리와 함께할 것이다. 무리와 함께하기 때문에 무엇인가 알려 하고 움직인다. 홉스는 이것을 사람 사이의 경쟁이라고 보았다. 경쟁하는 이유는 사람에게 얻고자 하는 욕망이 있기 때문이다. 얻고자 하는 이 욕망이 결국 공포를 만들어낸다. 하지만 사람은 다른 사람과 함께 살면서 공포를 원하지 않고 안락함과 자유, 혹은 편안한 생활을 원한다. 그럼 무엇이 사람들에게 공포 대신에 자유와 편안함을 줄까?

홉스는 권력, 그것도 강력하고도 지배적인 권력이라고 답한다. 그렇다면 모두가 한 사회를 지배하기 위해 권력을 가지려 할 것이다. 그렇다면 권력을 갖는 것은 정당화되고 권력과 권력 사이에 투쟁이나 경쟁이 생길 수밖에 없다. 그리고 사람은 항상 선을 행하지 않을 것이다. 악을 행하기도 하고 선을 행하기도 한다. 권력을 가진 자도 마찬가지다.

홉스는 이 문제를 윤리와 도덕으로 해결하면 된다고 주장한다. 즉 지나친 권력투쟁은 규범으로 막을 수 있다. 선을 적극적으로 행하게 하거나

사회 계약서

사회 질서 유지를 위해 일부 자유를 포기한다.

만인에 대한
만인의 투쟁 일은

악을 소극적으로 저지를 수 있게 하는 것도 모두 규범으로 규제할 수 있다고 보았다.

문제는 인간이 모두 처음에 자연 상태에서 시작한다는 점이다. 일반적으로 자연에서 우리는 신체와 정신이 평등하다고 생각한다. 하지만 실질적으로 사람마다 신체가 강한 사람이 있고, 정신이 강한 사람이 있다. 이렇게 차이가 있지만 평등하다고 믿는 것을 홉스는 희망의 평등이라고 한다. 사람들은 이런 희망의 평등만 믿고 겁 없이 경쟁한다거나 다른 집단을 공격하는 일을 저지른다. 결국 이 공격은 폭력 사태를 낳고, 만인에 대한 만인의 투쟁으로 이어진다.

홉스는 규범이 없는 상태에서 만인에 대한 만인의 투쟁이 일어났다면, 그것은 나쁜 것이 아니라고 주장한다. 선악의 구별이 없고 정의와 불의가 무엇인지 모르는 상태에서 일어나기 때문에 만인에 대한 만인의 투쟁은 정당한 것이다. 결국 더 큰 권력을 가진 자가 자연법을 토대로 국가의 법을 만들고, 만인에 대한 만인의 투쟁을 끝낸다.

개인은 자신의 자유를 보장받기 위해 이렇게 등장한 지배자와 자유 일부를 포기하는 사회계약을 맺는다. 홉스가 주장하길 사람은 특이하게도 자유를 사랑하면서도 다른 사람을 지배하기를 좋아한다고 한다. 자유를 사랑하면서 다른 사람의 자유를 빼앗아 한 국가를 만들어 지배하는 이유는 무엇일까?

홉스는 그 이유를 만인에 의한 만인의 투쟁에서 찾고 있다. 자신의 자유 일부를 포기하고 국가 권력에 보호받는 사람은 만인에 의한 만인의 투쟁에 희생될 가능성이 적다. 즉 자기 보존이 가능하고 일부 남은 자유와 함께 만족한 생활을 보장받을 수 있다. 물론 이것은 어디까지나 가정이며 예상이긴 하지만, 만인에 의한 만인의 투쟁에서는 분명히 벗어날 수 있다는 것이다.

자기의 삶이 보장되고 자유롭고 평화로운 삶을 얻을 수 있다면 법이라는 계약을 발판으로 국가를 만들어도 좋다는 것이 홉스의 주장이다. 더 큰 개인의 자유를 보장받기 위해서는 더 많은 희생이 필요할 수도 있다. 하지만 그것을 막는 방법도 있을 것이다. 홉스도 이 방법을 마키아벨리처럼 강력한 군주에서 찾는다.

강력한 군주야말로 인간의 자유를 최대한 보장해 줄 수 있다는 주장이다. 홉스는 성경에 나오는 절대로 죽지 않는 괴물, 리바이어던을 국가에 비유한다. 국가의 통치권은 인간의 영혼과 같다며, 국가의 모든 권력을 쥐고 있는 왕의 절대적인 힘을 강조한다. 국가의 평화는 괴물의 건강 상태를 의미하고, 백성의 선동은 괴물이 병든 상태이며, 국가의 내란은 곧 괴물의 죽음을 의미한다.

인간이 놓인 자연 상태는 만인에 의한 만인의 투쟁 상태다. 인간은 이런 자연 상태에서 벗어나 자신의 생명과 안락한 삶, 자유를 보장받기 위해서 모순적이지만 자신의 자유를 제한한 사회계약에 서명했다. 자기 보존을 위해서 아무리 나쁜 군주라도 있는 것이 없는 것보다 낫다며 무조건 복종에 만족한다.

8장

불안과 공포에서
벗어나는 방법이 있을까?

실존주의

키르케고르의
불안과 절망

덴마크 유틀란트반도에 한 소년이 양을 치고 있었다. 유틀란트의 겨울 추위는 엄청나다. 매우 추운 어느 겨울날, 이 소년은 남들처럼 행복하게 살지 못하는 자신의 신세를 한탄했다. 그러다 자신이 믿고 있던 유일신인 하느님에게 욕을 하고는 코펜하겐으로 가서 상점에 점원으로 취직했다.

점원으로 취직한 이 소년은 하는 일마다 너무나 잘 풀렸다. 소년은 사업에 성공했고, 두 번의 결혼 끝에 7남매를 둔 단란한 가정을 꾸렸다. 하지만 어른이 된 소년에게는 늘 두 가지 걱정거리가 있었다. 소년 시절 하느님을 욕한 과거와 두 번째 부인에게 결혼 전 임신을 시킨 부적절한 관계가 늘 마음에 걸렸던 것이다. 이 사람이 바로 덴마크의 유명한 철학자 쇠렌 키르케고르(1813년~1855년)의 아버지 미카엘이다.

미카엘은 자신이 잘 사는 것과 단란한 가정을 이룬 것을 모두 신의 저주라고 생각했다. 더 큰 문제는 키르케고르도 미카엘이 생각하는 저주가 자신의 집안에 내렸다고 믿은 것이다. 왜냐하면 미카엘의 자식 중 키르케고르와 그의 형만 남고 나머지 남매들은 어릴 때 모두 죽었기 때문이다. 신의 저주가 미카엘의 가정에 내렸다는 생각을 이제는 아버지뿐 아니라 키르케고르도 했다. 키르케고르는 자신도 곧 죽을 것이라고 굳게 믿고 있었다.

실존철학은 18~19세기에 일어난 철학이다. 특히 제1차 세계대전이 끝나고 유럽의 정신 문명이 더는 발전하지 않을 것 같은 상황에 처했을 때 발전했다. 전쟁이 끝나고 남은 것은 아무것도 없었다. 전쟁으로 파괴된 건물과 많은 시체, 그것을 바라보고 있는 사람들의 불안과 공포뿐이었다. 문제는 그것을 바라보고 있는 사람이 나이며, 불안과 공포를 느끼는 사람도 나라는 사실이다. 즉 전쟁에서 죽은 사람이 아닌 살아남은 사람만이 느낄 수 있는 공포와 분노, 혹은 불안이 문제였다. 살아남았다는 이유만으로 너무나 큰 짐을 지게 된 것이다.

실존철학이란 곧 살아남은 나에 관한 철학이다. 전쟁 후 '현재 실제로 존재하는 것'은 '나'다. 실존철학의 실존은 현실존재의 준말이다. 현실존재란 '현재 실제로 존재하는 것'이란 의미다. 여기에 '나'를 포함하면 객관적인 것이 아닌 주관적인 것이 된다. 그래서 실존철학은 주체성으로부터 시작한다. 이렇게 실존철학은 인간 중 개인을 가리키는 것이지 사물이나 대상을 가리키는 것이 아니다. 이런 생각을 가장 먼저 했던 철학자가 키르케고르이기 때문에, 실존철학은 그로부터 시작한다.

신을 향한 미카엘의 죄책감은 아들 키르케고르에게도 고스란히 전달됐다. 미카엘은 자신의 죄를 조금이라도 덜기 위해서 모든 가족에게 종교적으로 경건하게 살 것을 강조했다. 열심히 신을 믿고 신에게 자신의 죄를 빌며 살도록 강요한 것이다. 그러나 키르케고르는 늘 집안의 몰락이라는 불안과 자신도 다른 남매들처럼 언제 어떻게 죽을지 모른다는 공포 속에 살고 있었다.

이 공포와 불안에서 벗어난 것은 키르케고르가 신학을 전공하기 위해 코펜하겐대학교에 입학하면서다. 아버지 미카엘은 자신의 종교적 죄책감에서 벗어나고 가족이 평화를 얻는 길이 아들 키르케고르가 종교적으로 훌륭한 사람이 되는 것이라 믿었다. 물론 키르케고르도 이에 동의했기에 신학과에 입학했다.

키르케고르의 삶은 이때부터 달라졌다. 대학 생활은 아버지 집에서의 답답한 종교적인 삶과 너무나 대조적이었다. 특히 예나 지금이나 대학이 주는 낭만과 자유로움은 남다르다. 그래서 키르케고르에게 대학 생활은 특별났다. 대학의 낭만과 자유로움에 취해 살고 있던 키르케고르이지만 자신도 다른 남매처럼 일찍 죽을지도 모른다는 생각을 버리지는 못했다. 그러다 보니 자연스럽게 그가 느끼는 대학의 자유는 남달랐다.

실존주의자 키르케고르는 자신의 실존을 세 단계로 나누어 설명한다. 첫 번째 단계가 바로 미적 혹은 심미적 실존의 단계이다. 미적 실존이란 정신적 쾌락보다 육체나 감각의 쾌락을 따라 사는 것을 의미한다. 언제 죽을지 모른다고 생각한 키르케고르는 대학 생활을 하면서 아버지가 강요한 종교적인 삶보다 감각적 삶을 더 추구했다.

많은 사람이 동의한 것 중 하나가 감각적 쾌락은 오래가지 못한다는 점이다. 즉 감각적 쾌락은 사람들에게 어떤 지속적인 만족을 주지 못한다는 것이다. 키르케고르도 마찬가지다. 키르케고르는 아버지의 울타리에서 벗어나 대학이 주는 낭만과 자유의 편안함을 얻었지만, 살아가는 데 아무런 만족도 얻지 못했고 불안과 공포는 점점 더 심해졌다.

여기서 키르케고르는 미적 단계를 버리고 다음 단계인 윤리적 혹은 도덕적 실존 단계로 넘어간다. 윤리나 도덕의 특징은 이론이 아니라 실천이다. 그런데 윤리와 도덕을 규정하는 규율과 법규뿐 아니라 실천과 관련한 문제도 사람이나 장소에 따라 조금씩 달라진다. 결국 윤리적 단계에서는 사람 각자가 눈에 보이지 않는 규율을 이성을 통해 스스로 정해야 한다.

이렇게 보편적이고 일반적인 윤리 규율이 만들어지고 사람들은 이를 지키려고 노력한다. 그 결과 성실하고 절제된 삶이 다른 사람으로부터 칭찬을 받고, 대부분 사람은 남에게 피해를 주지 않는 행동을 한다. 이렇게 사람들은 살아가면서 나뿐 아니라 다른 사람을 위해서 윤리적 규율을 지키려고 무척 노력한다. 이런 노력에도 불구하고 사람은 윤리적 규칙을 지킬 수 없는 상황에 처하거나, 의식적으로 무시하고 어기기도 한다. 이 때문에 윤리적인 삶도 오래가지 못한다.

키르케고르는 결국 마지막 단계인 종교적 실천으로 넘어간다. 사람은 살아가면서 한순간도 선택하지 않을 수가 없다. 키르케고르의 표현처럼 '이것이냐, 저것이냐'를 선택해야 하는 상황에 우리는 놓인다. 윤리적 실존의 선택은 어떨까? 윤리적 규율이 일반적이긴 하지만, 선택의 순간에서는 항상 나를 생각한다. 이때 우리는 많은 불안을 느낀다. 남을 위해 선택하면 내가 손해를 보는 것 같고, 나를 위해 선택하면 다른 사람의 시선이 무섭다. 그 결과 선택을 못하는 경우가 생긴다.

선택하지 않으면 어떻게 될까? 키르케고르는 선택하지 않는 순간 사람이 불안과 공포 혹은 절망에 빠진다고 한다. 우리는 불안, 절망 혹은 공포에서 벗어나기 위해서 이것이든 저것이든 선택해야 한다. 그리고 절망에서 벗어나 참된 현실존재, 즉 실존을 찾기 위해서는 신 앞에 당당하게 혼자 서서 살아야 한다.

절망과 불안에서 벗어나려면 종교적 실존이 필요하다. 키르케고르는 선택하지 않기 때문에 절망과 불안에 빠진다고 했다. 그리고 벗어나기 위해 종교적 실존이 필요하다고 했다. 결국 절망과 불안에서 벗어나기 위해 종교적 실존을 선택하며, 이 덕분에 주체적인 실존인 나를 찾을 수 있게 된다.

종교적 실존이란 말 그대로 신에 의지하는 것이다. 사람이 누구에게 의지한다는 것은 스스로 결정할 수 없거나 자신의 한계를 인정할 때만 가능하다. 누구에게 의지한다는 것은 그 사람의 능력을 인정한다는 것이다. 종교적 실존에서 키르케고르는 신에 의지한다. 결국 키르케고르는 인간의 한계를 인정하고 신의 능력과 믿음을 인정한다는 의미다.

이렇게 키르케고르는 실존의 마지막 단계인 종교적 실존을 통해 신을 믿고 의지해서 인간에게 있는 절망, 공포 혹은 불안에 빠지지 않고 완전한 실존의 삶을 살 수 있다고 믿었다. 즉 미적, 윤리적 단계에서도 해결하지 못한 완전한 실존적 삶을 종교적 단계에서 이루어낼 수 있다는 것이 키르케고르의 생각이다.

신의 죽음 덕분에
자유로운 니체

독일의 실존주의 철학자 프리드리히 니체(1844년~1900년)에게는 여러 가지 수식어가 붙어 있다. 유럽의 지적 전통을 흔든 철학자, 예언자적 철학자, 초인을 탄생시킨 철학자, 무거운 망치로 우리의 머리를 후려치는 철학자, 허무주의 철학자 등등. 무엇보다도 그에 붙은 수식어 중 가장 대표적이고 유명한 것은 '신을 죽인 철학자'다.

니체에게 이렇게 다양한 수식어가 붙은 것은 그의 철학이 다양하다는 것을 의미한다. 로마제국 이후 유럽은 그리스도교 문화가 지배적이었다. 특히 가톨릭 문화는 교황의 권위와 교회의 제도나 법칙 혹은 규율을 바탕으로 발전했다. 종교개혁 이후 개신교는 권위와 제도보다 신앙 중심으로 발전했지만, 여전히 그리스도교에서는 신앙보다 권위와 제도를 중요하게 여기는 경향이 많았다.

중세 이후 유럽은 신앙 중심이든 제도 중심이든 그리스도교 문화가 바탕이 되면서 철학과 예술도 종교적인 방향으로 발전할 수밖에 없었다. 니체는 그리스도교 문화가 발전하면서 등한시된 철학과 예술에 큰 의미를 부여한 철학자다. 이런 그의 생각은 그리스도교를 중심으로 발전한 유럽의 모든 지적인 전통을 흔들어놓기에 충분했다. 사실은 원래 있어야 할 자리에 철학과 예술을 되돌려놓은 것뿐이지만, 사람들은 그렇게 보지 않고 니체 덕분이라고 생각했다.

중세 이후 유럽의 정치와 사회는 어떨까? 문화만 그리스도교의 제도 중심으로 발전했을까? 아마도 정치나 사회도 마찬가지일 것이다. 과학이 발달하고, 십자군 전쟁에 실패하고, 종교개혁까지 경험하면서 그리스도교 제도 중심의 정치체계는 유럽의 여러 나라에서 어느 정도 흔들렸을 것이다. 그리스도교가 세운 제도가 흔들리면 인간이 세운 체계나 제도가 흔들리는 것은 당연하다.

유럽은 이런 흔들림에도 강한 군주와 황제를 내세워 국가와 제국을 유지하려고 노력했다. 물론 국가마다 이익과 손해를 따져 서로 연합하고 결별하면서 체계와 권력을 유지하기 위해 전쟁을 할 수밖에 없을 것이다. 니체는 이런 날이 올 것이라고 알았다. 그래서 그에게는 예언자적 철학자라는 수식어가 붙은 것이다.

니체의 할아버지, 외할아버지, 아버지는 목사였다. 아버지는 당시 프로이센의 왕이었던 프리드리히 빌헬름 4세를 너무 좋아해 아들에게 같은 이름을 붙여주었다.

1848년 프리드리히 빌헬름 4세의 정치에 반대해 독일 사람들이 일으킨 혁명에 놀란 니체의 아버지는 그 후유증을 이기지 못하고 5살 니체를 남기고 죽었다. 이렇게 니체는 아주 어릴 때부터 2살 아래 여동생과 함께 너무나 신앙적인 집안에서 성장했다.

이렇게 성장한 니체의 철학은 완전히 다른 모습을 보여준다. 그리스도교 제도가 만든 유럽의 문화와 지식 체계를 부정하면 무엇이 남을까? 니체는 남는 것이 아무것도 없다고 보았다. 즉 니체는 그리스도교가 만든 모든 문명을 부정하는 순간 그동안 철학, 문학, 예술 등이 쌓아놓은 어떤 것도 남지 않는다고 생각했다. 아무것도 없다는 사실을 인정하는 순간 니체는 허무함을 느꼈다. 이것을 니체는 허무주의라고 불렀다.

지금까지 인간은 다양한 지식의 가치와 진리를 갖고 있었다. 그러나 그것이 그리스도교 제도라는 왜곡된 문화가 만들어냈다고 판단하는 순간 모두가 사라진다. 모두가 없어진 그곳에서 결국 인간은 허무만 느낄 뿐이다. 그리스도교의 문화는 교황이나 교회를 중심으로 하는 제도가 만들었다고는 하지만 신이 전제돼야 한다. 그리스도교 문화가 뒤흔들린다는 것은 곧 신의 존재 자체가 흔들리는 것과 마찬가지다.

결과적으로 이런 허무주의적인 상태에서 그리스도교적인 가치나 제도는 흔들리고 무너진다. 그리스도교적인 가치가 흔들린다는 것은 곧 신의 가치가 흔들리는 것이다. 신의 의무는 누가 뭐래도 인간 구원에 있다. 신의 가치가 흔들린다면, 이 신은 인간을 구원할 수 있을까? 니체는 그렇게 보지 않았다. 니체는 그리스도교의 흔들림을 그리스도교의 파괴로 보았다. 이 파괴는 곧 "신은 죽었다."라는 니체의 선언으로 이어진다.

"신은 죽었다." "신은 없다."라는 말은 서로 같지 않다. 전자는 있는 신이 사라지거나 죽어서 인간을 구원할 수 없는 상태를 말한다. 후자는 처음부터 신이 없기 때문에 인간 구원의 문제를 논의할 수 없다. 그리스도교

제도가 쌓은 지식이 무너지면서 허무한 생각에 빠지고, 신이 죽거나 사라짐으로 인간 구원은 멀어진다.

신이 죽어 더는 인간을 구원할 수 없다면 어떻게 될까? 당시까지 유럽의 모든 사람은 스스로 신으로부터 구원받기 위해서 그리스도교 문화의 제도와 규칙을 믿어왔다. 이제 인간이 구원될 수 없다면 유럽 사상을 이끌었던 그리스도교의 몰락은 뻔한 일이다. 니체는 그래서 그 신의 자리에 무엇인가 새로운 것을 세워야 한다고 믿었다. 아니, 니체는 당연히 새로운 것을 신을 대신해서 세워야 한다고 보았다. 바로 여기서 니체의 초인(超人) 사상이 나온다.

니체는 그리스도교라는 가치 대신에 초인을 내세운다. 니체에게 초인이란 신과 같이 강한 사람이다. 니체는 평범한 사람처럼 보잘것없이 살지 말고, 뜻이 있는 사람이라면 새로운 제도와 법을 만들어 초인이 되고 지배자가 되라고 주장한다. 초인은 강자의 가치관을 갖춘 사람으로 평범한 대다수 사람은 한두 명의 초인을 위해 존재하면 된다고 니체는 믿었다.

인간 진화의 다음 단계인 초인은 예외적인 사람이고, 다른 사람을 넘어서는 사람이다. 물론 인간 진화의 다음 단계라 해서 자연적인 진화를 의미하는 것은 아니다. 초인은 모든 사회나 정치적 가치를 다시 평가할 줄 알아야 하고, 내적으로도 완벽하며 진정한 자유인이다. 무엇보다 자신의 운명을 아는 진정한 주인이며 강하고 힘 있는 사람이다.

니체가 신을 죽이고 그 자리에 초인을 놓았다고 해서 초인이 단지 신의 자리를 대신하거나 신이 할 일을 하는 사람은 아니며, 신은 더더욱 아

SAFE ZONE

니다. 초인은 신처럼 인간을 구원하거나 구제할 수 없다. 초인은 신이 아니기 때문에 그 앞에 다가올 혹은 놓인 운명을 어찌할 수 없다. 하지만 초인은 자신 앞에 놓인 운명을 사랑할 줄 안다. 초인은 이렇게 다른 사람과 마찬가지로 무한한 시간 앞에 놓인 모든 현실을 피하지 않고 긍정적으로 살아가는 존재일 뿐이다.

실존철학은 나라는 현실존재의 문제라고 했다. 그리스도교 문화가 흔들리면서 지식이 무너져 생기는 허무주의나 신을 대신해 초인을 세우는 것이나 이 모든 것은 결국 내 현실 앞에 놓인 문제다. 이런 현실은 결국 실존주의에서 주장하는 허무와 절망, 혹은 불안으로 내 앞에 나타난다.

지금까지 존재하던 모든 제도가 흔들리고 지식이 사라진다면 나는 어떻게 될까? 모든 사람은 실존주의자들이 느낀 불안과 절망에 빠질 것이다. 그래서 니체는 동물 중 인간만이 웃는 이유를 인간만이 참기 어려운 고통을 슬기롭게 이기기 위해 스스로 발견해낸 것이라고 설명한다. 니체는 말년에 전쟁터에서 얻은 병으로 참기 어려운 고통과 싸우고 있었다. 떨어진 시력, 편집증, 과대망상 같은 정신병을 어머니와 여동생의 도움으로 겨우겨우 이겨내고 있었다.

니체가 살던 당시는 신이 만든 유럽의 모든 문화가 흔들리고 많은 사람이 그 빈자리를 두고 허무함을 느끼던 때다. 니체 또한 죽음이란 절망과 불안을 견디고 있었다. 그러면서 새로운 지식 문화를 위해 초인을 탄생시켰다. 초인이야말로 니체가 현실존재, 즉 실존을 받아들인 진정한 이유일 것이다.

9장

진정한 지식은
어떻게 얻을까?

경험론자

지식의 세계에서
우상을 몰아낸 베이컨

오늘을 사는 우리는 늘 궁금한 것이 있다. 과학이 얼마나 더 발달할까 하는 궁금증 말이다. 자연을 잘 몰랐던 고대 사람들은 신을 끌어들여 자연을 곧 신이라고 믿었다. 과학만이 자연에서 신적인 요소를 몰아낼 수 있지만, 유럽에서 종교는 오랫동안 과학과 대립해왔다.

영국의 헨리 8세가 종교개혁을 강행해 로마가톨릭의 많은 제도를 바꾸고 영국만을 위한 성공회를 만들자, 영국 내에서 과학이 종교 영역을 침범해 자연을 파악할 수 있는 계기가 마련됐다. 영국의 종교 제도가 느슨한 틈을 뚫고 자연을 보다 구체적으로 파악하기 위해 과학의 중요성을 강조한 사람이 등장한 것이다. 바로 영국의 경험론적 철학자 프랜시스 베이컨(1561년~1626년)이다.

르네상스 이후 영국은 정치 종교적으로 많은 격변을 겪었지만, 대학교에서는 아무런 변화가 없었다고 베이컨은 주장한다. 많은 변화 속에서도 학자들이 고대 그리스 철학과 로마 문화에 취해 연역적인 방법으로 아무 소용없는 논쟁을 하며 시간 낭비만 한다고 비판했고, 그 이유를 학자에게 돌렸다.

바로 여기서 베이컨은 대학교와 학자들에게 새로운 자연을 연구할 것을 요구했다. 연역법이 아닌 귀납법으로 과학적인 학문의 분류와 연구를 주문한 것이다. 고대 이후 사람이 자연에 복종한 이유가 무엇일까? 자연을 몰랐기 때문이다. 자연을 이해한다면 자연에 복종하더라도 자연을 지배할 수 있다. 즉 사람이 자연법칙을 알아낸다면 자연을 받아들이는 한편 지배자가 될 수 있다는 것이 베이컨의 생각이다.

　　베이컨이 본 당시 학자들은 지나치게 과거 학문에 집착하고 있었다. 실질적으로 르네상스는 고대 그리스의 철학이나 로마제국의 문화와 같은 과거의 영광으로 돌아가자는 의미다. 르네상스 이후 인본주의 사상이 발달하자, 과거 학문에만 관심을 두었다. 바로 이 점을 지적하며 베이컨은 학자란 자신이 살고 있는 시대를 자각해 같은 시대의 사람을 깨우치는 사람이라고 주장한다. 이것이 당시 학자들의 첫 번째 잘못이라고 베이컨은 보았다.

　　학자들의 두 번째 잘못은 지식의 목표를 잘못 알고 있다는 점이다. 필요 없는 논쟁으로는 결코 사람들의 지적 호기심을 깨우칠 수 없다는 것이 베이컨의 생각이다. 베이컨은 자연을 알기 위해서 과학적인 지식의 필요성을 강조한다. 바로 이 점을 잘 표현한 말이 우리가 알고 있는 "아는 것이 힘이다."라는 베이컨의 명언이다.

　　"아는 것이 힘이다."란 무슨 일이든 목표를 이루려면 지식이 필요하다는 것을 의미한다. 더 나아가 베이컨은 이 주장을 통해 종교적으로 신성시되는 자연을 자연과학적인 방법으로 알아내고 지배하자고 강조한다. 이를 위해 그는 말장난에 빠진 연역법이 아닌 과학적 논증 방법인 귀납법을 중요하게 여긴 것이다.

결과적으로 "아는 것이 힘이다."라는 베이컨의 표현은 지금과는 다르게 올바른 지식을 얻기 위해 꼭 필요한 말이다. 베이컨은 전통이란 이름으로 고대 그리스 철학과 로마제국의 문화에 빠져 있던 당시 학자들을 그냥 두고 볼 수가 없었다. 베이컨은 이전의 모든 것을 버리고 새로운 것을 찾아내자고 학자들을 독려했다.

베이컨이 새로운 지식을 찾아내기 위해서 가장 먼저 한 것이 바로 우상을 버리는 일이었다. 베이컨은 당시 사회나 학자들이 절대로 지식이 아님에도 불구하고 마치 지식처럼 여기는 우상을 믿으며 살고 있다고 생각했다.

우상은 특히 종교에서 인간이 만들어 찬양하고 경배하고 섬기는 대상을 뜻한다. 이 우상을 숭배하는 인간의 행위를 우리는 우상숭배라고 한다. 우상은 진실이 아니라 거짓이기 때문에 우상을 만들거나 숭배하는 것을 일반적으로 종교에서는 금지한다. 마찬가지로 베이컨도 우상은 참이 아니라 거짓이라며 과학적 지식을 얻는 데 아무런 도움이 되지 않는다고 멀리할 것을 요구한다. 베이컨은 이를 인간의 정신에 의해서 만들어진 우상이라 해 '정신의 우상'이라고 한다. 대표적인 우상 네 가지를 다음과 같이 설명한다.

첫 번째는 종족의 우상이다. 이는 모든 종족이 갖고 있다. 사람은 감각으로 지식을 얻을 때가 있다. 즉 인간의 감각기관이 사물을 파악하는 척

Thinking Person

도가 될 수 있다. 하지만 단순히 감각기관만으로 사물의 지식을 파악할 수 있는 것은 아니다. 우리말에 "척 보면 안다."라는 말이 있다. 보는 것만으로 마치 사람이나 사물을 다 파악하는 것처럼 말하는데, 전혀 그렇지 않음을 우리는 잘 알고 있다. 또 다른 예로 사람은 살아가면서 항상 목표를 정한다. 그렇다면 자연에도 목표가 있을까?

아무도 모른다. 그렇지만 많은 사람이 자연에 목표가 있다고 생각하거나 말한다. 베이컨은 인간이 목표를 갖는다고 해서 인간을 둘러싼 자연도 목표를 갖는다고 주장하는 것은 잘못됐다고 보았다. 이러한 것을 베이컨은 종족의 우상이라고 보았다.

둘째는 동굴의 우상이다. 이 우상은 개인의 정신이나 육체적인 차이에서 오는 편견에 따른 우상이다. 모든 사람은 자란 환경, 받은 교육, 취미, 습득 능력, 소속된 사회의 특성 등등에 따라 완전히 다르다. 이렇게 자란 사람은 당연히 주관적인 특성이 있다.

사람들은 각자의 동굴 안에서 자신의 주관적 지식을 바탕으로 다른 사람을 파악한다. 저 사람은 나와 취미가 안 맞고, 이 사람은 나와 자란 환경이 맞지 않다는 등 우리는 불만을 품는다. 이런 동굴의 우상에서 벗어나려면 주관적인 지식을 버리지 않고는 결코 불가능하다고 베이컨은 주장한다.

셋째는 언어와 관련된 시장의 우상이다. 우리는 시장에서 물건을 사고팔기만 하는 것이 아니라 얘기도 나눈다. 시장에는 물건이 있고, 그 물건에는 이름이 있다. 그래서 사람들은 이름이 있으면 모두 존재한다고 믿는다. 그렇다면 도깨비, 페가수스는 어떤가? 이렇게 언어와 이름에 대한 논쟁이 생긴다. 게다가 행운의 여신을 섬기고, 공허한 희망을 기다리기도 한다. 존재하지도 않는 것을 학자들이 생각하고 주장하면 진리를 추구하는 사람에게 우상만 만들어줄 뿐이다.

마지막은 극장의 우상이다. 베이컨이 오늘날 살았다면 극장의 우상이라기보다 영화나 드라마의 우상이라고 했을지도 모른다. 우리는 영화나 드라마로 역사물을 시청한다. 이런 영상은 실제를 바탕으로 작가의 상상력과 창작력으로 만든다.

하지만 시청자는 역사적인 사실로 받아들인다. 실제 사실보다 더 극적인 면을 부각한 역사물은 등장인물을 영웅이나 역적으로 만들고, 이를 본 사람들은 등장인물에 존경심을 표하거나 욕을 한다. 베이컨은 이런 방법으로 종교적인 미신이나 신학이 인간의 판단에 큰 영향을 준다고 보았다.

베이컨은 네 가지 '정신의 우상'이 인간 정신에 부정적인 영향을 준다고 믿었다. 이런 영향을 받은 인간은 정신이 혼미해져 무엇이 참이고 거짓인지 구별을 할 수 없는 상태에 빠진다. 그러다 보니 결국 당연히 얻어야 할 지식도 그것이 참인지 거짓인지 구별을 하지 못하고 얻지 못하게 되는 것이다.

어떻게 하면 이런 우상을 우리 정신에서 몰아낼 수 있을까? 베이컨은 그 답을 귀납법에서 찾았다. 우리가 정확하게 언어를 사용할 줄 알고, 수학 공리와 같은 명확한 명제를 바탕으로 진리에 접근하면 된다고 본 것이다. 물론 귀납법에 단점이 없는 것은 아니다. 다만 베이컨은 과학적인 관찰이나 실험으로 얻은 경험적 지식만을 참된 지식이라고 주장하는데, 귀납법은 바로 이 참된 지식을 전제로 새로운 지식을 얻어내는 방법이다. 따라서 연역법보다는 귀납법에 더 장점이 많다는 것이 베이컨의 주장이다.

로크의 하얀 종이와 정치사상

사람은 진리를 원한다. 그렇다면 진리의 기준은 무엇일까? 16세기 이후 유럽의 많은 철학자가 이 문제를 놓고 자신들의 주장을 펼쳤다. 당연히 지식의 기준을 합리적이고 이성적인 생각으로 삼는 철학자가 있는가 하면, 감각적 경험으로 삼는 철학자도 있었다. 전자는 주로 유럽에서 활동한 철학자가 중심이 됐기 때문에 대륙 합리론이라 하고, 후자는 영국의 철학자들이 주장해 영국 경험론이라고 한다.

이들의 차이는 어디에서 시작될까? 그것은 지식을 형성하는 관념에서 시작된다. 일반적으로 우리는 이 관념을 세 가지로 나눈다. 첫째는 외래관념으로 우리 주변의 모든 물건인 책상, 스마트폰, 텔레비전 등과 같은 것이다.

둘째는 인위관념으로 외래관념을 합쳐 인간이 인위적으로 만들어낸 것이다. 예를 들어서 일각수, 도깨비, 인어공주와 같은 것이다. 마지막으로 본유관념 혹은 생득관념이 있다. 본유관념은 사람이 태어날 때부터 본래적으로 갖는 관념으로 자아, 신, 공리 등이 여기에 속한다.

합리론자들은 본유관념을 인정하지만, 경험론자는 부정한다. 감각적 경험으로 지식을 얻는다고 믿는 경험론자가 보기에 사람이 어떤 관념을 갖고 태어난다는 것은 있을 수 없기 때문이다. 경험론자 중에서 존 로크 (1632년~1704년)는 백지설을 주장한 철학자로 유명하다. 사람은 본유관념을 갖지 않고 태어나기 때문에 마치 하얀 종이와 같다. 그리고 하얀 종이 위에 감각적 경험으로 그림 그리듯이 경험을 바탕으로 진리를 얻는다는 것이 로크의 주장이다.

로크는 이런 경험론적인 사고를 국가의 기원이나 정치체제에도 적용한다. 사람은 태어날 때 하얀 종이와 같은 상태로 태어난다. 그렇다면 국가의 시작은 어떨까?

로크는 영국의 명예혁명 이후 윌리엄 3세와 메리 2세가 공동으로 통치하는 데 힘을 보탰다. 경험론자 로크는 왜 이렇게 영국의 정치에 관심이 있었을까? 그의 정치 사상을 한번 살펴보자. 로크 경험론을 입체적으로 이해하는 단서를 제공해준다.

명예혁명이 일어나기 전, 영국의 왕들은 왕권신수설을 주장하며 절대 왕권을 수립하고자 했다. 여기서 로크는 명예혁명 이전의 정부 통치를 비판하며 자신의 통치 사상을 주장한다.

로크는 무엇보다 먼저 자연 상태를 정의한다. 지구상에 사람이 언제부터 살았는지는 모르지만 분명한 것은 최초의 사람이 살던 원시적인 시대가 있었을 것이다. 이 원시 시대에는 정부나 사회가 구성되지 않았을 것이다.

정부나 사회가 구성되지 않은 상태에 사는 인간은 어떤 누구에게도

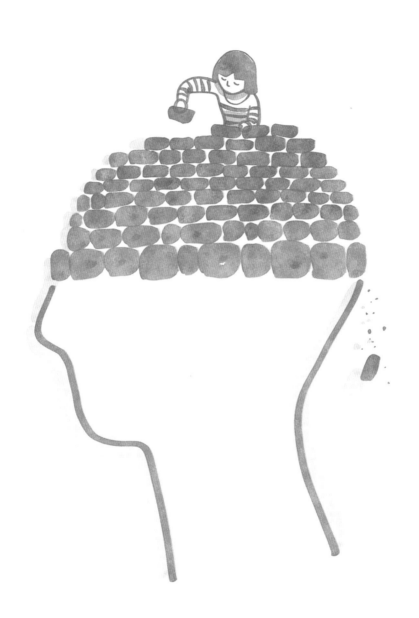

구속받지 않고 살았을 것이다. 이때 인간은 자신에게 주어진 완전한 자유와 평등을 누리며 살았을 것이다. 물론 이런 완전한 자유와 평등이 유지되기 위해서는 다른 사람의 자유와 평등을 침해하지 않는 배려와 사려심이 필요하다. 이처럼 다른 사람의 완전한 자유와 평등을 침해하지 않고 자신의 자유와 평등을 누리는 사회를 로크는 '자연 상태'라고 한다.

인간에게 자유와 평등은 무엇을 의미할까? 왕권신수설과 절대왕권 시대에는 시민들에게 완전한 자유와 평등은커녕 그렇게 많은 자유와 평등도 주어지지 않았을 것이다. 로크는 자유와 평등이야말로 신이 인간에게 준 선물이기 때문에 서로가 존중하지 않으면 결국 모두가 다 얻을 수 없다고 보았다.

로크는 자연 상태에서 완전한 자유와 평등이 보장돼 있었다고 본다. 무슨 이유에서일까? 일단 자연 상태에서 모든 사람은 서로를 보호하고 자신의 삶을 스스로 개척했다. 이것이 바로 첫번째 이유다. 그리고 이때 사람들은 자신의 재산과 생명을 보호하기 위해서 다른 사람의 통제나 감시 감독을 거부할 수 있었다.

이런 자연 상태가 다 좋은 것은 아니다. 자연 상태에서도 사람 사이에서 생길 수 있는 모든 일이 일어난다. 다른 사람을 공격한다거나, 법을 어기고 다른 사람의 물건을 훔치거나 피해를 주는 일이 일어나는 것이다.

자연 상태에서는 이 모든 것을 스스로 해결해야 한다. 남의 공격을 막을 힘을 스스로 길러야 하며, 자연법에 따라 법을 어긴 사람은 처벌을 받아야 한다. 자연 상태에서는 법관이 없기 때문에 구성원은 힘을 합쳐 범죄를 막는 것에 최선을 다해야 한다.

범죄의 경우, 구성원이 가능한 한 힘을 합쳐 막을 수 있다 해도 다른 사회의 공격은 다르다. 다른 사람의 공격은 개인의 문제지만 다른 사회나 국가의 공격은 개인이 아니라 공동체의 문제다. 자연 상태에서 전쟁 같은 문제가 생기면 개인이 해결하기가 쉽지 않다.

자연 상태에서도 소유권은 있다. 공동체에서 다른 사람의 자유와 평등을 존중하면서 자신의 평등과 자유를 유지하며 살다 보면 소유물이 생긴다. 그것이 재산이든 사람이든 상관없다. 이렇게 소유권이 생기면 그다음에는 소유권을 주장하는 사람이 생긴다. 가족의 소유권보다 더 심각한 것은 사회의 소유권 문제다.

자연 상태에서는 이렇게 이런저런 문제가 끊임없이 생길 수밖에 없다. 결국 자연 상태에 있던 사람들은 고민하게 된다. 자신의 완전한 자유와 평등을 위해 구성원 사이에서 일어나는 일을 스스로 해결할 것인가 아니면 공동체를 만들어 해결할 것인가. 공동체를 만들면 당연히 구성원은 약간의 자유와 평등을 포기해야 한다.

로크는 자연 상태에 살던 사람들이 자신이 지금까지 누리던 자유와 평등 혹은 권리의 일부를 포기하고 만든 시민사회나 정치사회를 계약사회라고 정의한다. 자연 상태에서는 자유와 평등뿐 아니라 자연법에 따라 범죄자를 스스로 처벌하는 집행권까지도 갖고 있었다. 그러나 계약사회로 들어가는 순간 이 모든 것을 포기해야 한다. 시민사회나 정치사회는 입법부를 만들어 법을 정하고 재판관을 정한다.

결국 자연 상태의 사람들은 지금까지 자신들이 처리했던 모든 것을 계약사회의 입법부에 건네야 한다. 물론 이것은 계약사회가 사회의 선을 추구하기 위해서 어쩔 수 없이 취하는 조치다. 그리고 자신의 권리를 포기하고 계약사회로 들어가는 사람들은 자신의 자유와 평등을 계약사회가 자연 상태에서보다 더 잘 보호해주고 보존해준다고 생각한다. 계약사회를 구성하는 의도도 이와 같다.

자연 상태에서 인간은 모두가 완전한 자유와 평등을 누리는 독립된 존재다. 하지만 계약사회에 소속되면 자신의 자유와 평등 일부를 포기해야 한다. 물론 소유권 분쟁에서 자유롭고 안전하게 소유권을 행사할 수 있는 권리를 갖기도 한다. 이런 관점에서 볼 때 계약사회의 국민은 주권을 갖지만 국가에 의해 권력이 제한되고 분산되는 것은 인정해야 한다. 이때 계약사회의 국민이 자신의 생명, 자유, 소유권을 보장받지 못한다면 당연히 저항권을 행사할 수 있다. 그것이 자신의 자유와 평등을 일정 부분 포기한 대가이기 때문이다.

이렇게 계약사회는 개인의 자유로운 동의나 의사 표현으로 형성된다. 자연 상태의 사람들이 계약사회에 자유로운 의사 표현을 하는 것은 한 가지 이유뿐이다. 계약사회에서의 삶이 더 행복하다고 믿기 때문이다. 사회계약론자로서 로크는 계약사회에서 이런 사람의 자유와 행복을 보장하는 것은 당연하다고 주장한다.

사람은 태어날 때 아무것도 갖지 않고 백지와 같은 상태에서 태어나 경험을 통해 지식을 쌓아간다. 국가나 사회도 마찬가지다. 이미 있는 것이 아니라 사람들이 만들어나간 것이 국가고 사회다. 로크는 이런 관점에서 왕권신수설이나 절대왕권에 반대했고, 영국 사람의 주권을 되찾는 명예혁명에 적극적으로 동참했다. 오늘날 영국의 입헌군주제에 로크의 통치 사상이 조금은 도움이 됐다고 해도 될 것이다.

2부

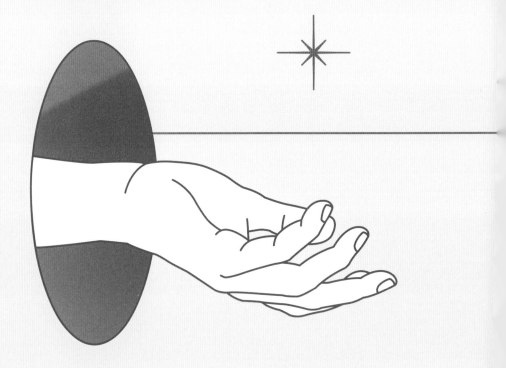

다시,
철학에
의문을 던진
질문들

다시, 철학에 의문을 던진 질문들

내 언어의 한계는 내 세계의 한계인가?

물질이 모든 것을 결정할까?

좋은 공동체는 어떤 곳일까?

관념이 세상의 진실일까?

모두가 행복해지는 방법이 있을까?

신, 역시 믿어야 할까?

올바른 개인의 모습이란?

인간은 진정 자유로울 수 있을까?

경험은 과연 믿을 수 있을까?

10장

내 언어의 한계는
내 세계의 한계인가?

소피스트, 궤변론

있는 것은 있고, 없는 것은 없다는
파르메니데스

지혜로운 자로 불리는 소피스트의 철학이 고대 그리스 철학에 미친 영향은 너무나 크다. 고대 그리스는 지중해 연안에 여러 식민지 도시를 거느리고 있었는데, 그곳에서 생겨난 철학도 철학사에서는 고대 그리스 철학의 일부로 본다. 이탈리아의 남부 도시국가 엘레아에도 고대 그리스 사람들이 식민지를 건설하고 살았다. 이곳에서 몇몇 사람들이 자신의 생각을 중심으로 철학을 전개했다. 이것을 엘레아학파라 하며, 가장 잘 알려진 철학자가 바로 엘레아학파의 파르메니데스(기원전 510년경~기원전 450년)다.

최초의 철학자로 알려진 탈레스가 원질이란 표현을 사용한 이후, 많은 철학자가 감각적으로 파악한 사물이나 대상에 대해 관심을 보였다. 그 전까지만 해도 신이 만들었다고 믿었고, 신에 의해서 태어나고 죽는다고 믿었는데 말이다. 탈레스가 원질을 주장하면서 많은 것이 바뀐 것이다.

사람들은 오래전부터 감각으로 파악한 경험을 통해 세상에 있는 모든 존재가 변한다는 사실을 알고 있었다. 그런데 탈레스가 원질이란 개념을 꺼내들자, 세상의 모든 존재를 있게 하는 또 다른 실체나 본질이 있을지도 모른다고 생각하게 됐다. 철학적 사고는 여기서 끝나지 않고 한 발짝 더 나아간다. 즉 세상에 존재하는 존재물이 변하느냐 아니냐 하는 문제를 만난 것이다.

어떤 철학자는 세상의 모든 것이 변한다고 하고, 또 어떤 철학자는 변하는 것은 아무것도 없다고도 한다. 파르메니데스가 후자를 대표하는 철학자다. 파르메니데스는 이렇게 말했다. 이 세상에 "있는 것은 있고, 없는 것은 없다."라고 말이다.

탈레스의 원질을 바탕으로 생각해 보면 세상에 존재하는 모든 존재물은 원래 재료가 있다. 존재물이 변하는 것은 여러 가지 다양한 존재들이 새로 생겨나고 사라지는 것을 뜻한다. 그런데 파르메니데스는 바로 이런 변화하는 모든 존재를 완전히 반대하는 주장을 한 것이다.

파르메니데스의 주장은 간단하다. 탈레스가 주장하는 원질은 세상에 존재하는 모든 것을 생겨나게 하는 원래 재료로 절대적이다. 절대적이란 것은 변하지 않고 생겨나거나 사라져서도 안 된다. 만약에 변한다면 그것은 절대적일 수 없다는 것이 파르메니데스의 생각이다. 이런 이유로 파르메니데스는 "있는 것은 있고, 없는 것은 없다."라고 주장한 것이다.

하지만 우리는 이 세상의 모든 존재물이 생겨나거나 사라지는 것을 본다. 이뿐만 아니라 지금까지 없던 것이 생겨나고, 있던 것도 사라지는 것을 본다. 다른 말로 이를 변화라 한다. 그렇다면 파르메니데스는 이것을 어떻게 설명할까?

이에 관한 파르메니데스의 주장도 간단하다. 세상의 모든 변화는 그

낭 환상에 불과하다는 것이다. 인간이 감각적 경험으로 파악하는 이 세상에 존재하는 것만이 절대적이다. 절대적인 것은 변하지 않기 때문에 존재하는 것 외에 존재하지 않는 것은 존재할 수가 없다.

존재하지 않는다는 것, 즉 이 세상에 없다는 것은 그냥 없는 것이지 그것이 존재할 수는 없다. 그래서 있는 것은 지금도 있고 앞으로도 있지만, 없는 것은 늘 없다고 주장한 것이다.

파르메니데스의 주장을 다시 정리해 살펴보면 다음과 같다. 세상에는 있는 것과 없는 것이 있다. 그리고 있는 것은 영원히 있을 것이다. 만약 없는 것이 있다고 가정한다면, 없는 것이 있다는 것은 하나의 모순이라는 것이 그의 주장이다. 그러므로 지금 없는 것은 영원히 없고, 있는 것은 항상 있다.

파르메니데스는 있는 것은 새롭게 생겨나지 않고 사라지지도 않는다고 한다. 만약 없는 것이 생겨난다면, 현재 있는 것에서 생겨나거나 없는 것에서 생겨날 것이다.

현재 없는 것에서 새로운 것이 생겨날 수는 없다. 그렇다면 결국 현재 있는 것에서 새로운 것이 생겨나야 한다. 하지만 현재 있는 것에서 생겨나는 것은 새로운 것이 아니라 있는 것에서 자리를 옮기거나 변한 것일 뿐이다. 결국 새로운 것은 생겨날 수가 없다.

현재 있는 것이 사라지는 것도 마찬가지다. 현재 있는 것이 사라진다면, 그것은 있는 것에 의해서 사라지거나 없는 것에 의해서 사라져야 한다. 그런데 없는 것이 있는 것을 사라지게 할 수 있을까? 파르메니데스는 이것은 공허이다!

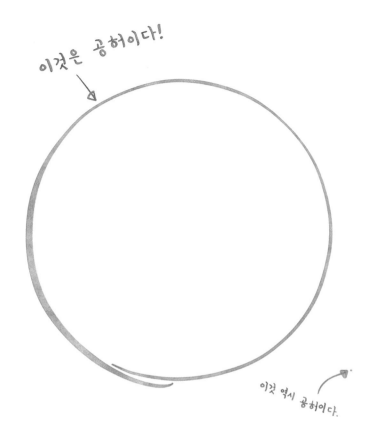

이것 역시 공허이다.

인식의 체계는 있다를 바탕으로한다.

이 밖은 있는것인가? 없는것인가?

불가능하다고 보았다. 그렇다면 결국 있는 것이 있는 것을 사라지게 해야 한다. 있는 것이 있는 것을 사라지게 한다면, 결국 그것도 자리바꿈이고 다른 자리로 옮겨가는 것과 같다. 그래서 있는 것은 사라질 수가 없다.

이렇게 "있는 것은 항상 있고, 없는 것은 늘 없다."라는 주장을 살펴봤다. 사실 이런 파르메니데스의 주장을 우리가 받아들이기는 쉽지 않다. 그런데 부정하는 것은 더 어렵다. 우리는 있는 것을 생각할까 아니면 없는 것을 생각할까? 아마도 있는 것을 생각할 것이다. 그렇다면 사람은 있는 것을 생각하지, 없는 것을 생각하지는 않을 것이다.

변한다는 것은 무엇을 의미할까? 변한다는 것은 있는 것이 다른 것으로 바뀌거나 사라지는 것을 말한다. 결국 우리가 생각하는 것은 있는 것만 생각하지, 없는 것을 생각하거나 변한다고 얘기하지 않는다.

여기서 파르메니데스는 생각이란 것에 중점을 두고 있다. 우리는 있는 것을 생각하고 없는 것을 생각하지 않으며, 변하는 것도 있는 것이 다르게 바뀐다고 생각한다. 과연 우리는 없는 것을 생각하지 않을까? 그렇지 않다. 우리는 없는 것도 생각한다. 세상에 존재하지 않는 동물인 유니콘을 예로 들어보자.

유니콘은 실제 존재하는 동물이 아니다. 그러나 우리의 생각 속에는 항상 있다. 유니콘은 말 머리에 코뿔소의 뿔이 달린 동물이다. 말이나 코뿔소는 실제 존재하는 동물이다. 이 두 동물을 조합해 우리는 새로운 동물인 유니콘을 생각할 수 있다. 더욱이 유니콘은 상상이나 생각 속에 존재할 뿐만 아니라 그림이나 조각품으로도 존재한다. 바로 이런 관점에서 우리는 유니콘도 존재한다고 말할 수 있다.

이런 관점에서 파르메니데스는 상상이나 생각을 하는 것과 실제로 존재하는 것은 같다고 본다. 말과 코뿔소의 존재가 유니콘이라는 자리로 옮겨가 생겨난 것이다. 이미 존재하는 말과 코뿔소를 바탕으로 유니콘이 생긴 것이지, 원래부터 없던 어떤 것에서 새롭게 생겨난 것이 아니다. 이처럼 파르메니데스는 있는 것과 변화, 이 모든 것이 원래 있는 것에서부터 생겨난다고 했다.

여기서 우리는 여전히 생각과 존재가 같다는 파르메니데스의 주장에 의문이 든다. 파르메니데스는 이렇게 주장한다. 과거에 많은 사람과 물건이 있었다. 그리고 그 사람은 죽었고, 물건은 사라졌다.

다행히 그 사람과 물건에는 이름이 있었다. 이렇게 이름을 가진 것들은 항상 있다. 과거에 이름을 얻은 것은 지금도 여전히 있고, 앞으로도 있을 것이며, 지금 이름을 얻은 것도 미래에 영원히 있을 것이다. 이렇게 이 세상의 모든 것은 영원히 변하지 않는다. 이런 관점에서 파르메니데스는 모든 물건이 전혀 변하지 않는다고 한 것일 수도 있다.

당시 사람들은 파르메니데스의 이런 주장을 받아들일 수가 없었다. 그들은 오늘날 우리처럼 시시때때로 변하는 세상의 모습을 보고, 어제 있던 것이 없어지는 것을 보았다. 그리고 어제 없던 것이 오늘 생겨나는 것도 보았다.

파르메니데스와 그의 제자는 파르메니데스의 "있는 것은 있고, 없는 것은 없다."라는 주장을 옹호하기 위해서 다양한 방법을 동원한다. 그들의 변호 방법을 오늘날 우리는 변증법이라고 한다. 파르메니데스의 이런 엉뚱한 주장 덕분에 오늘날 철학적 변증법이 발견됐다. 그의 이론은 부정하더라도 그의 변증법적 사고방식은 우리가 인정해야 하는 이유다.

언어를 희롱한
비트겐슈타인

언어가 왜 생겨났을까? 아마도 처음에는 어떤 대상을 나타내기 위해서였을 것이다. 그런데 그 대상이 넓어지면서 언어는 다른 방향으로 향한다. 즉 보이지 않는 대상을 표현하는 방향으로 발전한다. 보이지 않는 대상 중에서 대표적인 것이 사람의 마음이다. 결국 언어는 사람의 마음을 한 대상으로 보고 표현한다. 보이지 않는 것을 보이는 것처럼 언어로 표현하려고 하다 보니 각자의 논리를 만들어냈다.

결국 고대 그리스 이후 변증법이 발달할 수밖에 없었다. 이 변증법은 논리적 사고를 하는 데 큰 역할을 했다. 철학은 이렇게 논리를 바탕으로 눈에 보이지 않는 인간과 세계의 문제를 다루며 발전했다. 이런 철학적 방법이 고대 그리스 철학 이후 철학자의 이론이나 세계관을 완성하는 데 큰 공을 세웠다.

근대에 들어와서 몇몇 철학자는 철학 연구에 언어나 논리 자체가 아닌 언어를 분석하는 방법이나 기호 논리를 활용했다. 우리는 이를 분석철학이라고 한다. 즉 언어나 논리를 기호로 나타내고 분석했기 때문에 붙여진 이름이다. 이 분야를 대표하는 철학자가 바로 오스트리아에서 태어나 영국에서 활동한 루트비히 요제프 요한 비트겐슈타인(1889년~1951년)이다.

오스트리아 귀족의 아들로 태어난 비트겐슈타인은 제철업을 하는 아버지의 뜻에 따라 항공학을 전공하기 위해 영국 케임브리지대학교로 갔다. 누구보다 수학에 관심이 많았던 비트겐슈타인은 케임브리지대학교에서 철학을 접하고 분석철학의 대표 철학자가 됐다. 그는 수학과 과학적 방법을 철학에 적용했다.

수학적 언어는 수이며, 수의 목적은 계산에 있다. 따라서 수학의 가장 기본적인 목표는 산술이다. 결국 수학적 언어인 수를 분명하게 하면 산술에 큰 도움을 줄 수 있고, 수학적 언어의 발달을 가져올 수 있다. 이 수학적 언어를 더욱 분명하게 하려고 도입한 것이 바로 기호논리학이다. 논리학은 당연히 언어를 바탕으로 하는데, 기호논리학에는 숫자와 기호가 함께 존재한다. 이 덕분에 기호논리학은 수학적 언어를 더 구체적으로 설명할 수 있는 도구가 된다.

수학적 언어를 분명하게 하기 위한 도구인 기호논리학을 철학에 사용하면 어떨까? 고대 그리스 철학에서부터 변증법이나 논리학은 언어유희 혹은 말장난으로 여겨졌다. 특히 논리학은 모순과 오류가 많다. 그래서 언어를 더욱 분명하게 하는 것이 중요하다는 얘기는 오래전부터 있었다.

분석철학자들은 바로 이런 언어에서 생길 수 있는 오해를 언어 분석과 기호논리학의 도입으로 해결할 수 있다고 믿었다. 특히 비트겐슈타인은 이 같은 일을 완성한 사람이라고 평가받는다.

세상 안에는 많은 사물이 있다. 눈에 보이는 것도 있지만 보이지 않는 것도 있다. 그래서 보이는 것만 보자고 주장한 철학자가 있는가 하면, 보이지 않는 것도 중요하다고 주장한 철학자도 있다. 그들은 모든 사물이 변한다고 말하고, 변하지 않는다고도 말한다. 심지어 있는 것은 항상 있지만, 없는 것은 절대로 있을 수 없다고 주장한 철학자도 있었다.

이런 주장은 단지 세상 안에 있는 모든 사물을 보고 생각한 것이다. 즉 세상은 사물로 구성돼 있다는 것을 전제로 한 주장들이다. 비트겐슈타인은 이들과 전혀 다른 주장을 한다. 세상은 사물이 아니라 사실이라는 것이다. 즉 사물의 총체가 세상이 아니라, 사실의 총체가 세상이라는 것이다.

먼저 세상을 사물의 총체로 본 이들의 주장을 잠깐 살펴보자. 세상의 모든 것을 있게 한 무언가가 있을까? 만약에 있다면 그것은 무엇일까? 여러 가지 이름으로 부를 수 있겠지만, 많은 철학자가 이를 '실체'라고 불렀다. 즉 사물이나 대상을 실제로 존재하게 하는 어떤 정체와 같은 것이라는 의미에서 붙인 이름이다. 이 실체는 변하지 않고 영원하다. 세상에서 변하는 것은 바로 단순한 사물이나 대상일 뿐이다. 세상은 이렇게 변하는 사물로 이루어져 있다. 그래서 사물의 총체가 세상이라고 했던 것이다.

비트겐슈타인도 세상이 사물로 이루어진 것은 인정한다. 하지만 이 사물이 혼자 있을 때는 결코 세상의 총체라고 할 수 없다. 사물은 다른 사물과 결합하면서 어떤 연관관계를 갖는다. 이것을 비트겐슈타인은 사물이 일어난 상태라고 해 '사태'라고 한다. 이렇게 사물과 사물이 결합해 사태라는 연관관계를 맺는다.

엄마가방에들어가신다.

연관관계를 맺은 한 사태를 놓고 우리는 그것이 참인지 거짓인지 묻는다. 예를 들어서 "노란 장미꽃이 있다."라고 했을 때 노랑과 장미와 꽃이라는 사물이 사태를 만들었다. 즉 하나의 문장을 만들었다. 그리고 이 문장이 참인지 거짓인지를 묻는다. 이것을 우리는 명제라고 한다.

결국 이 명제가 참이라면 우리는 사실이라고 한다. 하지만 거짓이면 사실이 아니라고 한다. 세상 모든 사물은 언어로 표현할 수 있다. 한 사물은 한 단어 혹은 언어로 표현된다. 이 사물이 다른 사물과 결합해 연관관계에 있으면 사태가 된다. 이 사태를 명제로 만들어 사실 여부를 확인한다. 이처럼 사태는 사실이 될 수 있지만 사실이 아닐 수도 있기 때문에 세상의 총체가 되면 안 된다. 그래서 비트겐슈타인은 세상의 총체를 사물이 아닌 사실로 본 것이다.

수학을 좋아하고 항공학을 전공한 비트겐슈타인은 과학도답게 철학과 과학은 다르다고 주장한다. 수학이나 과학은 지식이 계속 축적된다. 한 가지 사실이 밝혀지면, 그것을 바탕으로 더 좋아진 지식을 만든다.

철학은 그렇지 않다. 한 이론이 생겨났다고 해서 그것을 바탕으로 더 나은 이론을 만들어내는 것이 아니다. 그래서 철학은 과학이 아니며, 과학과 비교해서도 안 된다.

이 때문에 비트겐슈타인은 언어의 중요성을 강조한 것이다. 철학 이론에 사용된 언어의 의미가 무엇인지 분명한 한계를 지어야 한다. 또한 철학 이론을 형성하고 있는 문장을 분석하고, 참 명제인지 거짓 명제인지 분명하게 해야 한다. 주어진 이론의 의미를 넘어, 즉 한계를 넘어 의미를 찾는 것은 잘못된 것이며 헛된 것일 뿐 아니라 시간 낭비다.

문제는 언어의 이중성이다. 비트겐슈타인은 철학과 과학을 구분하면서 자신이 철학의 모든 문제를 해결했다고 생각했지만, 언어의 이중성 문제가 드러나자 자기 생각을 철회한다. 언어의 이중성이란 언어를 사용하는 사람과 듣는 사람이 다르게 이해하는 경우를 말한다. 이것을 비트겐슈타인은 '언어 놀이' 혹은 '언어 게임'이라고 한다. 예를 들어서 "안녕하세요?" 하고 누가 물었다. 이것은 물음일까 아니면 그냥 인사일까? 상대가 안녕한지 안 한지 전혀 궁금하지 않을 때도 있다. 우리는 그냥 습관적으로 묻는다. 게다가 상대는 자신이 안녕하지 않을 수도 있고 진짜 안녕할 수도 있다.

"등교 시간이다!"라고 어머니가 말씀하신다. 이 말은 좋은 의미일까 아니면 나쁜 의미일까? 학교 가고 싶은 날이 있다. 이때 이런 말을 들으면 이 말의 의미는 좋다. 하지만 학교생활을 하다 보면 학교 가기 싫은 날도 있을 것이다. 이때 이 말의 의미는 부정적일 것이다. 언어라는 것은 이렇게 어떤 사물이나 대상을 보이는 대로 혹은 단순하게 나타내는 것이 아니다. 언어란 어떻게 사용되느냐에 따라 의미가 결정 난다.

학교 가고 싶은 날 듣는 "등교 시간이다!"라는 어머니의 말만큼 기분 좋은 말은 없을 것이다. 학교가 가기 싫은 날 "안녕하세요?"라는 후배의 인사는 결코 기분 좋게 들리지 않을 것이다. 비트겐슈타인은 이처럼 언어가 사용되는 상황이나 규칙 안에서 언어의 의미가 결정된다고 보았다. 그래서 언어 놀이 혹은 언어 게임이란 개념을 사용한 것이다. 비트겐슈타인은 언어를 상황에 따라 정확하게 사용하면 불명확한 철학적 언어나 이론을 더욱 쉽게 이해할 수 있고, 따라서 철학이 더 발전할 수 있다고 믿었다.

11장

물질이 모든 것을
결정할까?

유물론

자본주의의 기초를 세운
애덤 스미스

오늘날 많은 국가는 자본주의를 추구한다. 그렇다면 자본주의란 무엇일까? 사람은 살아가면서 일을 한다. 이것을 경제활동이라고 한다. 경제활동의 가장 큰 목적은 돈을 벌고 이윤을 남기는 것이다. 자본주의는 바로 이런 이윤을 얻는 것을 가장 큰 목적으로 하는 경제활동을 보장하는 경제체제다.

군주나 봉건영주 혹은 귀족이 국가나 사회를 다스릴 때도 사람들은 경제활동을 했다. 하지만 이 사회를 자본주의라고 하지 않는다. 당시 사람들이 경제활동으로 얻은 이윤은 자신의 것이 아니라 자신이 소속된 사회의 지배자들이 가져갔기 때문이다. 즉 자본주의에서 개인이 경제활동으로 얻은 돈이나 물건의 소유권은 개인에게 있다. 이것이 바로 자본주의의 핵심이다.

16세기 이후 유럽은 자본주의가 천천히 발달했다. 가장 큰 영향을 준 것은 유럽을 중심으로 발달한 자유주의와 종교개혁 이후 나타난 개신교의 영향이다. 종교개혁 이후 종교의 힘이 약해지고 봉건영주나 귀족의 힘도 함께 약해지면서 개인에게 자유가 주어졌고, 자유주의가 발달했다.

프랑스의 종교개혁자 칼뱅은 직업이야말로 신이 준 소명이며 귀족이나 봉건영주를 위해 돈을 벌고 일할 것이 아니라 개인을 위한 직업을 가질 것을 주장했다. 그의 영향을 받은 개신교도들은 근면하고 검소하게 직업을 갖고 살았다. 무엇보다 그들은 도박과 범죄를 저지르지 않고 사적인 부를 축적할 수 있었다.

이렇게 봉건영주와 귀족들의 권력이 무너지는 틈을 비집고 자유주의와 개신교도 정신을 바탕으로 자본주의는 발전했다. 이 시기의 자본주의를 우리는 오늘날 자본주의와 비교하기 위해서 고전 자본주의라고 말한다. 바로 이 고전적 자본주의 이론을 마련한 철학자가 영국의 애덤 스미스(1723년~1790년)다.

우리는 매일 식사 때마다 다양한 음식을 먹는다. 음식의 재료를 보면 농촌, 어촌, 산촌 할 것 없이 여러 곳에서 생산된 것이다. 특히 외국에서 온 것도 없지 않다. 우리는 그들에게 고마워하면서 음식을 먹어야 할까 아니면 우리 돈으로 산 것이기 때문에 고마워할 필요 없이 당연하게 먹으면 될까?

애덤 스미스는 우리 식탁이 풍성한 이유가 정육점 주인, 양조장 주인 혹은 빵집 주인의 자비심 덕분이 아니라고 말한다. 그들은 단지 자신들의 이익을 챙길 뿐이라는 것이다. 모든 개인은 자신의 이익이나 이윤을 위해서 경제활동을 한다는 것이 애덤 스미스의 생각이다. 이들 개인이 모두 자신의 이익을 생각하고 경제활동을 하면, 사회나 국가는 더 큰 이익과 이윤을 얻을 수 있다.

이것을 애덤 스미스는 '보이지 않는 손'이라고 정의한다. 개인은 결코 남을 생각하고 경제활동을 하지 않는다. 단지 자신의 이윤과 이익만을 생각한다. 이렇게 모든 개인이 경제활동의 목표를 자신의 이윤과 이익에 둔다면 당연히 그 사회나 국가는 더 발전할 것이다.

애덤 스미스는 개인이 다른 의도나 목적 없이 단지 개인의 이익만 생각하면서 다른 사람과 경쟁하고 더 좋은 물건을 만들면, 사회에 소속된 모든 사람에게 이익이 된다고 보았다. 즉 개인의 이익만 생각하는 '보이지 않는 손'이 전혀 의도치 않게 사회나 국가 전체의 이익을 가져다준다는 것이 애덤 스미스의 주장이다.

고전 자본주의는 앞서 자유와 개신교도 정신이 바탕이라고 했다. 개인의 자유는 누군가 간섭하면 안 된다. 그리고 칼뱅의 종교개혁은 개신교도들에게 직업을 갖고 근면하고 성실하게 살 것을 주장한다. 이런 윤리적이고 도덕적인 생각은 개인에서부터 나온다. 만약 이것을 국가가 간섭하면 어떻게 될까?

애덤 스미스는 고전 자본주의를 주장하면서 국가의 간섭을 최소화해야 한다고 주장한다. 개인의 자유로운 이익 추구는 자유롭게 두어야 가장 커질 수 있다. 누군가, 특히 국가가 간섭하면 결코 개인은 자유로운 이윤 추구를 할 수 없다. 18세기 당시, 많은 사람이 봉건영주와 귀족들의 지시와 간섭을 받으면 살았다. 남의 간섭이 얼마나 많은 자유를 빼앗아가는지 너무나 잘 알고 있던 사람들이다.

경제활동을 하는 개인은 소비자가 무엇을 원하는지 누구보다 더 잘 안다. 무엇을 만들고 만들지 말아야 할지, 언제 팔고 팔지 말아야 할지를 누구보다 더 잘 안다. 이런 자유로운 경제활동을 누군가가 강제로 조정하거나 관여하면 안 된다.

그렇다면 국가가 해야 할 일은 무엇인가? 국가도 하나의 큰 개인이다. 즉 국가도 경제활동을 해야 이윤과 이익이 창출된다. 개인처럼 국가도 더 많은 이익 창출을 위해 개인에게 간섭할 수 있다. 개인의 보이지 않는 손이 효율적으로 잘 작동하면 아무런 문제가 없다. 그러나 만약 시장경제에 실패가 온다면 국가의 이익 창출에도 문제가 생긴다. 이때 국가가 간섭할 수도 있는 것이다.

이 논리에 따라 국가가 개인의 경제활동에 적극적으로 개입해야 한다고 주장하는 철학자도 생겨난다. 이것을 경제학에서는 수정자본주의라고 말한다. 애덤 스미스의 고전 자본주의를 조금 수정해야 한다는 의미다. 그러나 애덤 스미스의 생각은 전혀 다르다.

애덤 스미스는 개인의 경제활동을 개인의 자유에 맡기고 국가는 단지 그들의 자유로운 경제활동을 위해 몇 가지 의무만 지킬 것을 주장한다. 첫째, 국가를 보호하는 것이다. 전쟁이 잦고 다른 나라를 많이 침략하던 당시 상황을 고려하면 국가는 늘 전쟁으로 불안정했다. 그래서 개인의 경제활동과 국가 침략은 늘 함께 논의되는 부분이다. 따라서 국가가 해야 할 가장 큰 일은 국방을 강화해 외부의 침략이나 전쟁으로부터 개인의 경제활동을 지키고 사유재산을 지키는 일이다.

다음으로 국가가 해야 할 일은 치안과 사법에 관한 의무다. 법은 개인

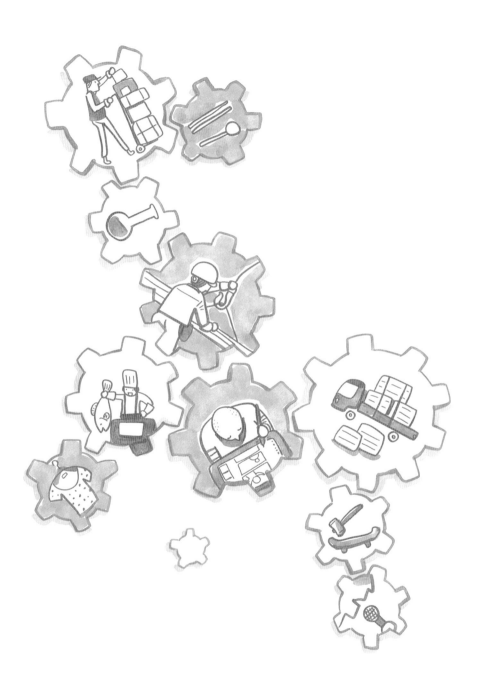

의 자유와 종교 활동을 지켜주는 가장 중요한 장치다. 특히 경제활동으로 생기는 분쟁이나 강자로부터의 억압에서 개인을 지키기 위해서는 보다 분명한 치안과 법이 필요하다. 국가의 의무에는 이 법에 관한 것도 필요하다고 애덤 스미스는 주장한다.

셋째는 공공시설의 확충이다. 개인의 경제활동으로 생긴 상품이 잘 운반될 수 있게 도로와 다리, 운하 등을 충분히 건설해야 한다. 남아도는 재화의 수출을 위해 항구와 도로도 잘 건설해야 한다. 이래야 재화가 잘 순환돼 개인의 경제활동에 큰 도움을 줄 수 있다.

마지막으로 스미스는 국가 스스로 국가의 존엄성을 지켜야 한다고 말한다. 애덤 스미스가 살았던 당시에는 왕이 국가를 다스렸다. 왕은 자신의 품위를 유지하기 위해 돈이 필요했다. 왕실을 운영하는 데 돈이 필요한 것이다. 경제활동을 하는 개인은 자기 나라의 왕실이 다른 나라의 왕실보다 약하거나 가난한 모습으로 비치는 것을 원하지 않는다는 것이 애덤 스미스의 생각이다. 왕의 품위를 위해 국가는 재화를 지급할 필요가 있다.

고전 경제학의 대표적인 사람으로 알려져 있으며, 정치경제학과 윤리철학자로도 알려진 애덤 스미스는 이렇게 개인의 자유로운 경제활동이야말로 국가의 이익 창출에 큰 도움이 된다고 주장한다. 특히 자본주의와 자유무역을 긍정하는 그는 국가의 간섭을 최소화해야 한다고 말한다. 개인의 이익과 이윤 추구가 곧 공적인 이익 추구로 연결된다고 믿었기 때문이다. 물론 독과점을 인정하는 것은 아니다. 독과점은 언제나 보이지 않는 손을 방해한다.

애덤 스미스는 이렇게 국가의 개입을 반대하고 개인 경제활동의 근거지인 시장의 자율성과 자유를 보장하면 '보이지 않는 손'이 작용해 개인과 국가가 부자가 된다고 생각했다.

마르크스, 모든 나라의
프롤레타리아여 단결하라!

1848년 카를 마르크스(1818년~1883년)는 평생 친구이며 동지인 엥겔스와 함께《공산당 선언》을 발표한다. 마르크스와 엥겔스는 이 저서에서 자본주의를 비판하고 공산주의의 장점을 강조했다. 당시 유럽은 왕이나 수상이 나라를 다스리고 있었다. 나라를 다스리는 사람들에게 공산주의는 너무나 무서운 대상이었다. 왕이나 수상은 경찰을 동원해 공산주의라는 유령을 잡으려 했다.

마르크스의 공산주의는 마치 유령처럼 무서웠고 공포였으며, 두려움의 대상이었다. 마르크스는《공산당 선언》을 발표하기 1년 전인 1847년 런던에서 '공산주의자 동맹'이라는 단체를 만들었다. '공산주의자 동맹' 이전에는 공상적 사회주의자들과 기독교 사회주의자들의 모임인 '의인동맹'이 1836년부터 조직돼 있었다. 마르크스는 이 동맹에 가입한 다음 '공산주의자 동맹'을 탄생시킨 것이다.

마르크스는 공산주의자 동맹을 중심으로 공산주의자의 입장과 목적이 무엇인지를 충분히 알렸다. 이뿐만 아니라 자신들이 무엇을 의도하는지에 대한 생각도 잘 정리했다. 이렇게 체계적으로 만들어진 이 동맹은 의

인동맹과 다르게 노동자를 중심으로 큰 세력을 형성했고, 한 나라의 정권이나 권력마저 빼앗거나 장악할 정도의 힘을 갖고 있었다.

이런 힘이 있었기 때문에 당시 왕이나 수상은 공산주의를 유령이라 불렀고, 경찰뿐 아니라 군대까지 동원해 막으려 했다. 왜 이렇게 왕이나 수상은 자신들이 다스리는 나라의 정권을 걱정할 정도로 공산주의를 두려워했을까? 마르크스는 공산주의가 자본주의를 몰락시키고 노동자를 중심으로 한 새로운 나라를 건설할 것이라고 말했기 때문이다. 실제로 1848년 《공산당 선언》 발표 이후 유럽의 3대 시민혁명이 프랑스, 독일, 오스트리아에서 발생했다. 이 혁명으로 세 나라의 군주는 많은 것을 잃었다.

19세기 유럽은 자본주의가 발달했다. 이 자본주의를 바탕으로 유럽 각국은 발전했는데, 마르크스가 자본주의의 몰락을 예견하고 공산주의가 발달할 것이라는 이론을 발표한 것이다. 자본주의 사회에서는 자본을 가진 사람이 공장이나 회사를 세우고 노동자는 노동을 팔아 임금을 받는다. 자본주의 사회에서는 자본을 가진 사람이 주인이며 주체가 되고 대접을 받는다.

바로 여기서 마르크스는 묻는다. 공장에서는 노동자가 일해서 상품을 생산한다. 그 상품을 팔아 노동자는 임금을 받고 자본가는 이윤을 남기며, 땅을 빌려준 사람은 지대를 받는다. 만약 노동자가 일하지 않으면 어떻게 될까? 당연히 상품이 생산되지 않고, 임금도 받지 못하지만 자본가의 이윤도, 땅 주인의 지대도 받지 못한다. 그렇다면 누가 공장의 주체인가?

마르크스는 노동자가 주체라고 주장한다. 자본주의 국가에서 노동자

는 아무리 많은 노동을 하고 이윤과 지대를 남겨줘도 주체가 되지 못한다
는 것이 마르크스의 생각이다. 심지어 노동자는 더 많은 이윤과 지대를 남
겨주기 위해 노동을 강요받고 휴가마저 반납하기도 한다. 이렇게 자본주
의에서 노동자는 모든 것으로부터 소외돼 있다.

그렇다면 왜 이런 노동자의 소외가 생길까? 마르크스는 생산수단이
사유화돼 있기 때문이라고 말한다. 생산수단이란 공장에서 상품을 생산하
는 데 필요한 것이다. 즉 공장, 기계, 도구 혹은 노동자 등을 말한다. 자본
가는 상품을 생산하기 위해 기계를 구입하지만 노동자도 필요한 만큼 채
용한다. 대부분 공장과 회사는 개인소유이기 때문에 생산수단도 사유화돼
있다.

마르크스는 생산수단이 공유화돼야 노동자가 대접받고 스스로 주체
가 된다고 주장한다. 물론 당장 개인소유의 공장을 공유화하기는 쉽지 않
다. 공산사회로 나아가려면 많은 단계를 거쳐야 한다. 마르크스가 말하는
자본주의의 특징과 공산사회로의 이행 과정을 살펴보자.

우리가 잘 알고 있는 것처럼 공장에서 생산된 상품의 가격은 자본가
의 이윤, 땅 주인의 지대, 노동자의 임금에 의해서 결정된다. 임금을 결정
할 때 자본가는 자신의 이윤을 가장 먼저 생각할 것이다. 이렇게 자본주의
에서는 생산수단이 개인의 것, 즉 사유화돼 있다. 자본가든 땅 주인이든
모두 자본가로 본다면 공장 안에서는 생산수단을 놓고 먼저 투쟁을 벌일
것이다. 이뿐만 아니라 자본가와 노동자는 각자 자신의 이윤이나 임금을
더 가지려고 대립할 것이다. 결국에 자본가와 노동자의 계급투쟁이 시작

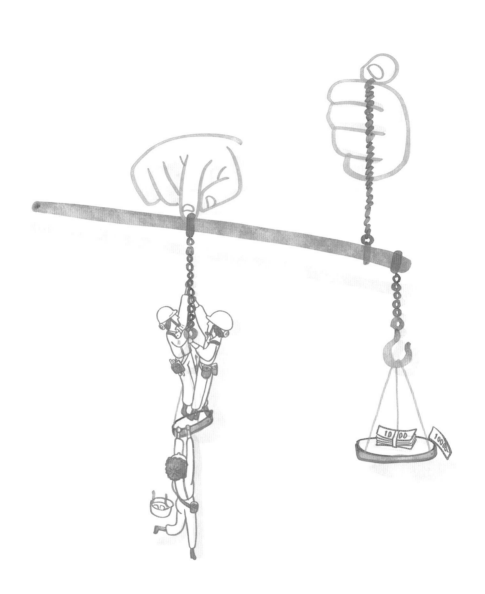

된다.

비록 자본가가 노동자를 고용한 상태지만 생산수단을 공유화하면, 노동자는 이제 고용상태가 아니다. 자본가의 공장은 노동자가 없으면 멈출 수밖에 없다. 자본가와 노동자의 투쟁은 결국 자본주의 계급의 몰락에 이른다. 자본주의 계급의 몰락은 결국 자본주의 국가의 몰락으로 이어질 것이다. 노동자가 원하는 나라가 올 것이고, 이 노동자들은 자본가와 다르게 계급 없는 사회를 만들 것이다. 이 같은 노동자 중심의 계급 없는 사회가 곧 공산사회라고 마르크스는 주장하고 있다.

마르크스는 공산사회가 실현되려면 자본가 계급과 노동자의 투쟁이 필수라고 말한다. 재산을 가진 자본가 계급을 마르크스는 '부르주아지'라고 하고, 노동자 계급을 '프롤레타리아트'라고 한다. 재산을 가지지 못한 자라는 의미다. (노동자 계급의 일원은 프롤레타리아)

왜 부르주아지와 프롤레타리아트는 서로 합의해 공산사회를 만들지 못하고 투쟁으로 이루어야 할까? 마르크스의 설명을 보자. 부르주아지는 많은 상품을 생산하고 국내 소비로 부족하면 수출도 한다. 이때 부르주아지들 사이에 경쟁이 심해지고, 부르주아지는 상품을 팔기 위해 새로운 시장을 개척한다. 다른 부르주아지들도 마찬가지다.

경쟁이 심해진 부르주아지들은 이윤을 남기려고 노동자의 임금을 줄이면서 프롤레타리아트를 괴롭힌다. 당하다 못한 프롤레타리아트는 동맹을 맺고 파업이나 투쟁을 한다. 정부는 때때로 노동자 편에 서서 노동자가 자신들의 입장을 관철하게 한다. 정부도 자신의 편이 아니라는 사실을 아는 순간, 부르주아지는 프롤레타리아트를 회유해 자기 편에 가담시킨다. 결국 프롤레타리아트는 부르주아지의 정치에 휘말린다.

일부 부르주아지는 프롤레타리아트를 자기 편에 가담시키기 위해 다른 부르주아지와 투쟁해야 할 때도 있다. 이렇게 일부 부르주아지가 프롤레타리아트 편에 서면서 계급투쟁이 시작된다. 부르주아지는 다른 부르주아지와 한편이 되면서도, 프롤레타리아트와 함께 손을 잡으면서 이중성을 보여준다. 잠시 부르주아지와 손을 잡은 프롤레타리아트도 자신의 이익을 위해 행동한 것이지 부르주아지의 이익을 위해 행동한 것이 아니다. 공장이 많이 생기면 생길수록 프롤레타리아트의 가치와 능력은 올라간다. 숙련된 그들의 기술이 없다면 아무리 부르주아지의 자본이 있어도 공장은 돌아갈 수 없으며 상품도 생산되지 않는다.

마르크스는 프롤레타리아트만이 진정한 혁명 계급으로 남는다고 주장한다. 그 결과 부르주아지는 지배 계급이 될 수 없으며, 공장이든 사회든 지배할 수 없게 된다. 오직 프롤레타리아트만이 진정한 사회의 주인이 될 수 있다.

이런 이유로 마르크스는 공산주의자가 자신의 견해와 의도를 감추는 것을 경멸하며, 종래의 사회 질서는 폭력을 사용하지 않고 타도할 수 없다고 주장하면서 "모든 나라의 프롤레타리아여, 단결하라!"라고 외친 것이다.

12장

좋은 공동체는
어떤 곳일까?

도덕, 윤리

사람을 목적으로 대하라, 칸트

도덕이나 윤리는 실천이지 이론이 아니다. 이론이라는 것은 이렇게 저렇게 한다는 생각과 같은 것이다. 반면 실천은 이렇게 하고, 저렇게 하는 행동이며 행위다. 그래서 윤리학에는 이론이 먼저 있고 실천이 뒤따른다. 윤리학 이론은 원리주의적 성격을 지닌 경우가 일반적이다. 예를 들어서 소크라테스는 "거짓말은 절대로 해서는 안 된다."라고 말했다. 이 이론을 실천할 수 있는 사람이 소크라테스 이후 지금까지 과연 몇 명이나 있었을까?

한 사람이 태어나서 살아가는 동안 절대로 거짓말을 하지 않고 산다는 것은 아마도 불가능할 것이다. 그래서인지 소크라테스의 주장에 대해 다르게 생각한 철학자도 있다. 사람이 살아가면서 상황에 따라 거짓말을 할 수도 있다는 것이다. 여기서 우리는 선의의 거짓말이니 사람의 마음을 편안하게 하는 거짓말이니 하며 절대적이 아닌 상대적인 윤리 사상을 이야기할 수 있다.

소크라테스는 자신이 주장한 절대적 윤리 사상이 이루어지리라 생각했을까? 모든 사람이 자신의 윤리 이론을 실천할 것이라고 믿었을까? 어쩌면 소크라테스는 그렇게 생각했을 수도 있다. 스스로 그렇게 살기를 원했고 또 살았다고 자부하기 때문이다. 그러나 다른 사람의 윤리적 실천은 그렇지 못한 경우가 더 많다. 그렇다면 소크라테스는 왜 이런 절대적 윤리 사상을 바탕으로 이론을 주장했을까?

시간이 지나면서 사람들은 소크라테스의 절대적 윤리 사상보다 상대적 윤리 사상에 더 익숙해졌다. 소크라테스의 이론이 조금씩 허물어져 간 것이다. 절대적 윤리 사상도 실천으로 이어지지 않는데, 만약 처음부터 상대적 윤리 사상을 주장했다면 어떻게 됐을까? 아마 더 좋지 않은 결과가 나왔을 수도 있다. 바로 이런 관점에서 소크라테스의 절대적 윤리 사상을 바탕으로 새로운 이론을 생각한 철학자가 있다. 바로 이마누엘 칸트(1724년~1804년)다.

앞서 윤리적 이론은 실천을 위한 것이라고 했다. "거짓말하지 말라." 같은 윤리 사상의 이론은 실천을 위한 것이지 이론 그 자체를 위한 것이 아니다. 그렇다면 "거짓말하지 말라." "약속을 지켜라." 같은 말은 무엇을 의미할까? 물론 이 말 그대로 실천하라는 것이다. 그렇다면 윤리적 이론을 실천한다는 것은 무슨 의미일까? 이것은 사람이 꼭 해야 할 의무다. 즉 윤리적 이론의 실천은 바로 의무다.

사람들은 윤리적 이론인 "거짓말하지 말라."라는 판단을 내리고 나서도 도덕적 실천을 앞두고 많이 고민한다. 여기서 우리는 윤리적 이론을 지켜야 할 의무를 묻는다. 이론에 따라 실천을 하면, 우리는 그 실천의 결과인 행동의 옳고 그름을 묻는다. 즉 잘한 행동이니 옳지 못한 행동이니 하면서 말이다. 잘한 행동은 당연히 도덕적으로 잘 실천한 것이고, 잘못한 행동이면 그렇지 못한 경우다.

이 의무론을 자신의 윤리 혹은 도덕 이론에 잘 적용한 철학자는 역시 칸트다. 칸트는 윤리 이론을 사람이라면 당연히 지켜야 할 의무로 부여하고, 그 의무에 따른 행동의 옳고 그름을 판단해야 한다고 주장한다. 바로 이 이론이 칸트의 의무론이다. 의무론에서는 의무에 따른 행동 자체를 중요하게 생각하기 때문에 행동의 결과보다는 당연히 동기를 더 중요하게 생각한다. 즉 윤리적 이론에 따라 어떤 행동을 동기만 보고 의무에 따라 행했다면, 그 행동은 당연히 도덕적으로 좋은 것 혹은 옳은 것이다.

동기가 옳아서 행동으로 옮겼는데 만약 나쁜 결과가 나오면 어떻게 될까? 의무론자들은 그럴 수 없다고 한다. 왜냐하면 윤리적 이론은 처음부터 실천적 행동에 관한 가치가 정해져 있기 때문이다. 거짓말을 하지 않고 약속을 지키는 행동의 가치는 처음부터 옳고 좋은 것이다. 반대로 거짓말을 하거나 약속을 지키지 않는 것은 처음부터 나쁘거나 악한 것이다.

칸트는 이 의무론을 중심으로 자신의 도덕법칙을 만든다. 우리는 흔히 우리가 사는 우주와 자연을 설명하면서 물리법칙과 자연법칙을 얘기한다. 이 법칙에 따라 우주와 자연은 잘 움직이고 있다고 믿는다. 이렇게 우주에는 물리법칙이 있고, 자연에는 자연법칙이 있다면 인간에게는 어떨까? 인간법칙이 있을까? 자연법칙이 지켜지면서 자연이 잘 움직이는 것과 같이 인간법칙이 잘 지켜지면 인간은 도덕적으로 옳은 행동을 한다고 칸트는 보았다. 바로 이것이 인간에게 필요한 도덕법칙이다.

칸트에 따르면 어떤 사람이든 꼭 지켜야 하고 따라서 행동해야 할 도덕법칙이 있다. 그 법칙은 정언명법 혹은 정언명령으로 이루어져야 한다. 정언명령은 정언적 문장으로 된 명령 혹은 명령적 법칙을 뜻한다. "만약 내게 필요하면 나는 거짓말을 하지 않겠다." 같은 가정문을 우리는 가언적 문장이라고 한다. 여기에는 "내게 맞는 조건이 갖추어지면 약속을 지키겠다." 같은 조건 혹은 선택적 문장도 있다. "거짓말을 하지 않는다." 같은 문장은 정언적 혹은 단언적이라고 한다. 여기에 명령이 더해지면 "거짓말하지 말라." 같은 문장이 된다. 이런 문장을 칸트는 정언명령이라고 한다.

칸트에게 도덕법칙이란 사람이 어떤 경우에도 꼭 지켜야 하는 것이기 때문에 상황이나 상대에 따라 행하지 않는다. 즉 가언적이나 조건적이 아니라 정언적이고 단언적인 명령을 한 것이다. 정언명령은 소크라테스가 주장한 것처럼 "절대로 거짓말하지 말라." 혹은 "무조건 약속은 지켜라."처럼 절대적인 형식을 갖는다.

문제는 칸트의 도덕법칙인 정언명령이 일반화 혹은 보편화될 수 있을까 하는 의문이다. 정말 모든 사람은 이런 정언명령 형식을 띤 도덕법칙을 행동으로 옮기기를 원할까? 혹 나는 예외가 돼도 괜찮지 않을까 하고 생각하는 사람은 없을까? 이를 막기 위해서 칸트는 정언명령이 마치 법처럼 모든 사람이 지키는 법칙 혹은 준칙이 돼야 한다고 주장한다. 그래야 이 도덕법칙은 보편성을 띠고, 모든 사람이 실천할 수 있기 때문이다.

여전히 예외를 주장하고 싶은 사람은 있을 것이다. 여기서 칸트는 인간의 존엄성을 주장한다. 사람은 스스로 존엄하다고 생각한다. 약속을 지

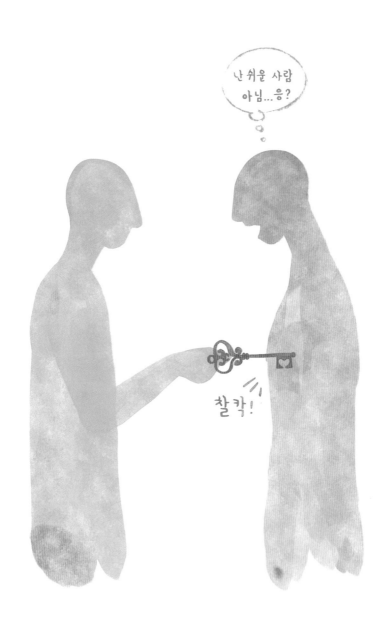

키고 거짓말을 하지 않는 것도 스스로 지키려는 존엄성 때문이다. 그리고 모든 사람은 스스로 이 존엄성을 지키려는 의지를 갖고 있다. 도덕법칙을 예외적으로 안 지키고 싶어 하는 것은 인간이 지닌 욕망이나 욕구 때문이다. 보편적인 도덕법칙을 지키는 일은 바로 이 욕구를 억누르는 것이다. 바로 여기서 인간의 의지가 나타난다. 칸트에 따르면 사람이 스스로 존엄성을 지키려는 의지는 고귀하다.

사람은 스스로 존엄성을 지키려고 할까? 약속을 지킨다거나 거짓말을 하지 않는 것은 자신을 위한 것일까 아니면 다른 사람을 위한 것일까? 칸트는 모든 사람이 스스로 어떤 목적을 갖고 산다고 보았다. 그러므로 스스로 존엄성을 지키는 것은 자신의 목적을 달성하기 위함이며 자신의 인격을 지키는 일이다. 사람은 이렇게 자신의 존엄성이나 인격을 어떤 수단으로 사용하지 않고 목적으로 사용해야 한다.

결과적으로 칸트는 도덕법칙인 정언명령을 통해 보편적으로 가능한 행동만 계속하고, 그렇지 못한 행동은 하지 말라고 주장한다. 여기에 인격의 중요성도 함께 강조한다. 인간의 존엄성을 인정받으려면 스스로 인격 체임을 알고 다른 사람을 수단으로 사용하지 말고 목적으로 대하라는 것이다. 칸트의 도덕법칙인 정언명령은 소크라테스의 절대적 윤리관만큼 지나치게 엄격하다는 주장도 있다. 그러나 칸트는 정언명령만이 인간의 존엄성을 지킬 수 있다고 보았다.

롤스가 말한
시민 불복종과 공정한 정의

일반적으로 민주주의는 고대 그리스 도시국가 아테네에서 실시한 제도에서 시작했다고 본다. 도시국가 아테네에서는 정해진 장소에 시민들이 모여 도시국가가 공적으로 해야 할 일을 정했다. 아테네 시민들은 도시국가가 해결해야 할 모든 문제에 직접 참여했다.

시간이 지나면서 도시국가 아테네가 실시한 민주주의 제도가 절대 쉽지 않다는 것을 사람들이 알았다. 모든 시민이 참여하는 일도 힘들지만, 각자의 의견 차이가 심하면 중요한 사안을 결정하는 일도 쉽지 않았다. 이렇게 현실적으로 가능하지 않고 효율성도 떨어지는 제도를 비판하면서 나라마다 새로운 민주주의 제도가 생겨났다.

대표적인 몇 가지를 보면 다음과 같다. 먼저 엘리트 민주주의다. 시민들이 자신들을 잘 대변해 줄 것 같은 대표자를 선거로 선출한 다음 국정의 모든 사안을 그들에게 위임해 처리하게 하는 것이다. 엘리트 민주주의는 현실적으로 실현할 수 있고 효율성도 높다. 그러나 시민 대표로 선출된 엘리트들이 자신의 이익만 생각하고 시민을 잘 대변해 주지 않는다는 비판을 받는다.

결국 시민들은 자신의 입장을 조금이라도 더 관철하기 위해 직접 참여를 결정한다. 이를 우리는 참여 민주주의라고 한다. 시민들은 여러 가지 위원회를 만들어 공청회나 청문회에 참여한다. 혹은 시민 단체를 결성해 국정운영에 직접적인 영향을 주기도 한다. 하지만 단체나 위원회가 많아지면서 자신들의 입장만 중요하게 생각하는 단점도 함께 생겨났다.

단점을 보강해 시민의 참여 연대나 위원회의 대표들이 국정운영에 필요한 내용을 직접 심의하게 됐다. 바로 심의 민주주의의 탄생이다. 시민들은 전문가의 조언을 들어 정책 결정에 중요한 역할을 한다. 하지만 참여한 시민 사이에 합리적이고 이성적인 의사소통이 이루어지지 않는 문제점이 있을 수 있다. 이런 단점을 보완해야 한다.

어떤 종류의 민주주의든 시민 구성원 사이의 의사소통이 원활해야 하고, 자신들에게 주어진 일을 성실하고도 올바르게 잘 해내는 것이 중요하다. 그렇지 않으면 민주주의의 실현은 불가능하다. 무엇보다 민주주의 실현을 위해 어떤 시민도 기본권이 침해돼서는 안 된다. 이뿐만 아니라 시민을 위한 법이 어떤 시민도 소외해서는 안 된다. 정부는 이를 위해 새로운 법을 만들고 정책을 수립할 때 어떤 시민이 기본권을 침해당하거나 소외되는 일이 없도록 항상 노력해야 한다.

미국의 정치철학자 존 롤스(1921년~2002년)는 민주주의를 실현하기 위한 노력 중 하나를 시민 불복종 이론에서 찾고 있다. 민주주의를 대표하는 정책 중 하나가 투표다. 소위 말하는 과반수라는 투표 제도다. 과반수는 반을 조금 넘었다는 의미다. 민주주의의 법이나 정책은 반이 조금 넘는 사람만 찬성하면 실현된다는 의미인데, 그러다 보면 자연스럽게 과반수에 속하지 않는 사람을 소외하는 법이 만들어질 수도 있다.

이때 롤스는 공동체를 위한 법이나 정책을 시정하는 노력 중 하나로 시민 불복종을 설명한다. 법이나 정책은 국가나 정부의 정책을 변화시키거나 변혁시킬 목적으로 행한다. 당연히 이런 목적을 가진 법이나 정책의 성격은 모든 사람이 동의하는 공공에 초점이 맞추어져야 하며, 비폭력적이어야 한다. 이뿐만 아니라 정책에 참여한 사람의 양심적인 행동이 실현된 것이어야 한다. 그러나 이것은 법에 반대하는 정치적 행위라고 롤스는 주장한다.

그 이유를 롤스는 정의에서 찾고 있다. 롤스는 사실 이 정의라는 단어 하나만 연구한 철학자라 해도 과언이 아니다. 영국의 공리주의자들은 도덕이나 윤리가 '최대 다수의 최대 행복'을 위해 존재해야 한다고 주장한다. 최대 다수의 최대 행복이란 최대한 많은 사람에게 최대한의 행복을 보장하자는 의미다. 이때 일부는 여전히 배제된다. 롤스는 이를 공리주의자의 정의 원칙이라고 말하고 정의에 대한 자신의 주장을 편다.

롤스는 자신의 정의에 관한 이론이 공정으로서의 정의를 다룬다고 말한다. 롤스는 먼저 공리주의자의 정의 원칙을 비판한다. 롤스는 자신의 정의 원칙을 공리주의자와 다르게 분배적인 정의, 시민 불복종, 정의감으로 설명한다. 롤스는 자신의 논문 제목이기도 한 이 세 가지 정의가 실현될 때 민주주의가 소외되는 사람 없이 잘 실현될 것이라고 믿었다.

민주주의 제도에 참여하는 사람들은 법이나 정책으로 불만스러운 사회제도를 개혁하거나 변혁하려는 목적이 있다. 이 사회제도는 변하는 것일까 아니면 변하지 않는 것일까? 롤스는 당연히 사회제도가 변한다고 보았다. 변한다는 것은 바뀐다는 것이고, 어떤 주체에 의해서 바뀌는 것이다. 그리고 그 주체는 인간이다. 즉 롤스는 인간이 주체가 돼 사회 변화를 이끌 수 있다고 말한다.

인간이 주체가 돼 사회를 바꾸려면 어떻게 해야 할까? 롤스는 먼저 생각을 해야 한다고 주장한다. 이 생각은 가상 실험이다. 만약 시민들이 모여 법이나 정책을 바꾸려면 어떻게 바꾸었을 때 어떤 변화가 일어나는지 생각하면서 가상으로 먼저 실험해 본다는 의미다. 이렇게 먼저 생각으로 가상 실험을 한 다음, 법이나 정책을 바꾸면 국가의 기본 구조가 반듯하게 설 수 있다.

롤스의 이론에 따르면 서로 다른 위원회나 단체에 속한 사람들은 각각의 생각을 가지고 가상 실험을 한 다음에 국가의 기본 구조를 바꿀 때 합의를 한다. 문제는 이들이 자신의 이익과 관련한 어떤 사실이나 정보도 알지 못한다는 점이다. 롤스는 이를 무지의 장막(베일) 속에 갇혀 있다고 표현한다. 먼저 자신이 속한 사회의 경제, 문화, 교육을 잘 알지 못한다. 게다가 자신의 지위나 재능, 능력 혹은 도덕성 같은 것도 잘 알지 못한다. 사람들은 이런 상태에서 합의에 들어가는 것이다.

시민이 국가의 법이나 정책에 불복종하는 가장 큰 이유는 사회의 효율성도 중요하지만, 무엇보다 사회나 국가의 공정함 때문이다. 만약 사회의 효율성과 공정함이 보장된 사회라면 민주주의 실현을 위한 시민 불복

종은 있을 수 없다. 따라서 시민 불복종이 일어나는 가장 큰 이유는 이 두 가지가 결여됐기 때문이다.

시민 불복종에 문제가 없는 것은 아니다. 시민 불복종이 비폭력적이어야 함은 가장 기본이다. 시민 불복종을 펼치는 동안 무엇보다 정해진 규범이나 법규를 위반해서도 안 된다. 물론 규범을 어겼을 때는 당연히 처벌을 받는 것에 동의하고 책임감을 느끼면서 해야 한다. 이런 관점에서 롤스의 시민 불복종은 국가나 사회의 공공 정의관에 반해 저항하고 투쟁하는 것이다.

이처럼 민주주의 실현에 매우 중요한 시민 불복종에는 당연히 하지 말아야 할 것도 있다. 무엇보다 공공 정의관에 반하는 것에 저항하는 일이기 때문에 사적인 이익이나 생각은 버려야 한다. 롤스의 가상 실험에서도 당연히 사적 이익은 배제돼야 한다. 다음으로 시민 불복종이라는 행동의 목적에는 정당성이 있어야 한다.

롤스는 이렇게 민주주의 실현을 위한 한 가지 방법으로 시민 불복종을 예로 들었다. 민주주의를 대표하는 또 다른 단어는 자기 뜻이 관철되지 않았을 때 행하는 데모다. 데모에는 때에 따라서 폭력과 파괴가 따르기도 한다. 롤스는 반드시 비폭력이 수반한 시민 불복종을 주장한다. 최대 다수에서 배제된 소수자는 행복에서마저 소외된다. 이때 롤스는 소수자의 행복도 챙길 수 있는 민주주의를 실현하기 위해 정의라는 이름으로 시민 불복종을 지지한 것이다.

피터 싱어,
모두를 도와야 한다 동물까지도!

고대 그리스 철학 사상 중 금욕주의와 쾌락주의가 있다. 두 철학 학파가 영향을 받은 철학 학파는 키니코스학파다. 이들은 개처럼 자유분방하게 살기를 원했기 때문에 개처럼 편안한 학파라는 의미에서 키니코스학파라고 불린다. 이 철학자들은 무엇보다 누구로부터 차별을 받는다거나 대립하는 것을 싫어했다. 그들은 누구로부터도 간섭을 받지 않고 사는 개처럼 아무런 거리낌 없이 편안하게 살기를 좋아했다. 이들은 더 나아가 국가의 대립도 원치 않았다. 그러다 보니 자연스럽게 인종차별도 모순이라고 생각했다. 당연히 그들은 개처럼 있으면 먹고 없으면 굶었다. 아무 곳에서 살았으며 직업도 없었다. 직업이 없는 그들에게 직업의 귀천은 당연히 사치였다.

키니코스학파를 대표하는 철학자 중 한 사람이 디오게네스다. 디오게네스가 가진 것이라고는 단벌옷과 지팡이, 잠자리로 사용한 포도주 통이 전부였다. 하지만 그는 자신이 세계시민이며, 세상이 자신의 도시국가라고 주장했다. 디오게네스의 이런 생각을 존중한 키니코스학파 철학자는 모두 같은 생각을 했다. 철학사에서는 디오게네스와 키니코스학파의 생각을 사해동포 사상이라고 한다. 세상의 모든 사람이 한 동포이며 동등하다는 의미다. 국가의 대립이나 인종차별은 절대로 있어서는 안 되며, 높은 지위나 직업을 가졌다는 이유로 아랫사람을 함부로 대한다거나 업신여겨서도 안 된다.

고대 그리스 철학에서 시작된 사해동포 사상은 여러 철학자의 생각에 따라 변했다. 현대에 와서 이 사상은 세계시민주의가 됐다. 사해동포 사상이나 세계시민주의는 근본적으로 바뀐 것이 없다. 세계시민주의는 정치적인 용어로 사용되기도 한다. 국가의 대립이 사라지고 세계연방이 실현된다면, 모든 인류가 동등한 시민으로 살 수 있다는 아주 이상적인 이론이다.

세계시민주의를 사람에게만 국한하지 않고 동물에까지 넓게 적용한 철학자가 바로 오스트레일리아의 피터 싱어(1946년~)다. 그는 무슨 이유로 동물의 권리까지 옹호하는 것일까. 피터 싱어의 생각을 들어보자.

현재 세계는 전쟁과 가난으로 고통받는 나라가 있는가 하면, 가진 것이 많아 사치를 일삼는 나라도 적지 않다. 개인도 마찬가지다. 가진 것이 넘쳐나는 사람이 있는가 하면, 너무나 부족해 허덕이는 사람도 있다.

이런 질문을 해보자. 누군가가 연못가에 앉아 있는데 어린아이가 물에 빠져 허우적거리며 살려달라고 외친다. 이 사람은 어떻게 할 것인가? 약속을 핑계로 그냥 지나쳐야 할까 아니면 약속에 늦을 것을 알면서도 구해주어야 할까. 싱어는 우리에게 묻는다. 어린아이의 가치는 얼마나 될까? 어린아이의 가치가 지켜야 할 약속에 비해 낮을까 아니면 높을까?

여기에 값비싼 구두를 한번 추가해보자. 약속 시간을 맞추기 위해 부지런히 가는 사람이 우연히 아주 값비싼 구두를 신고 있다. 어린아이를 구하기 위해 물속으로 뛰어든다면 당연히 그 값비싼 구두는 엉망이 될 것이고 더는 신을 수 없을지도 모른다.

이 질문은 결국 어린아이뿐 아니라 사람의 생명에 관한 가치문제다. 사람의 생명은 약속 시간을 지키는 것이나 값비싼 구두를 지키는 것보다 가치 있다. 그 가치를 잘 알기에 위와 같은 상황이 되면 물에 뛰어들지 않는 사람이 아무도 없을 것이다.

그런데 이런 것은 어떨까? 오늘날 우리 세계는 전쟁과 내전으로 굶주리는 사람이 너무 많다. 게다가 예방약이 부족해 전염병으로 죽거나 앓고 있는 사람도 적지 않다. 어떤 사람은 그런 굶주림이나 전염병을 막을 수 있을 정도의 여유가 있다. 문제는 그런 여유가 있음에도 불구하고 기아와 전염병을 막기 위해 다른 사람을 돕지 않는다는 것이다.

물에 빠진 어린아이를 구하는 것과 기아나 전염병에 처한 어린 생명을 구하는 것이 같다고 싱어는 주장한다. 즉 어린아이의 생명은 언제 어디서나 같은 가치를 지닌다. 어떤 사람들은 물에 빠져 허우적거리는 아이를 구해야겠다고 느끼는 감정을 기아와 전염병으로 고통받는 어린아이에게서도 느낀다. 싱어는 이 두 사건에서 같은 감정을 느끼는 사람이 아주 유별나다고 주장한다. 왜냐하면 대부분 사람은 이 두 사건을 다른 감정으로 보기 때문이다.

눈앞에 어린아이가 물에 빠져 허우적거리는 것은 지금 내가 보고 있는 사실이다. 반면 지구 저 멀리에서 일어나고 있는 기아나 전염병은 나에게 어떤 사건으로 다가오지 않는다. 여기에 모든 국가의 구성원이 같은 시민이고 동포인 세계시민주의를 적용해 보자. 그 사람에게 다가오는 감정은 다르다. 같은 동포와 시민에게는 일반적인 인류애가 적용된다. 이렇게 세계시민주의가 현실화한다면 기아나 전염병으로 고생하는 어린아이를 위해 사람들은 발 벗고 나설 것이다. 아무리 비싼 신발이라도 신경 쓰지 않고 어린아이를 구하기 위해서 물에 뛰어드는 것과 다르지 않다.

세계 경제가 발전하면서 생산품이 넘쳐나는 나라가 많다. 반면 부족한 나라도 적지 않다. 싱어는 앞서 말한 논리를 바탕으로 원조의 필요성을 주장한다. 비록 소외되는 사람이 있다고 하더라도 공리주의는 최대 다수의 최대 행복을 주장한다. 싱어는 바로 이런 공리주의 사상을 세계 원조에 적용한다. 가난한 나라와 사람을 원조 대상으로 삼아야 한다는 것이 싱어의 생각이다. 그들도 행복할 권리가 있으며 사람의 생명은 가치가 같기 때문이다.

싱어는 구체적으로 어떻게 그리고 얼마나 도울 것인가에 대해서도 설명한다. 싱어는 넉넉한 먹을거리가 있고, 맑은 물이 있고, 비바람을 막을 보금자리가 있으며, 기본적인 의료 혜택을 받는 사람이 '누군가를 도와주는 사람'이라고 한다. 그 반대 처지에 있다면 원조가 필요한 사람이다. 원조를 받을 사람은 지구 어디에 있어도 상관없다. 내 곁에 있든 내가 전혀 모르는 저 먼 나라에 있든 상관없다. 도와주는 사람은 그들을 위해 소득의 백 분의 일만 나누어 원조하라고 부탁한다. 그것이면 충분하다는 것이 싱

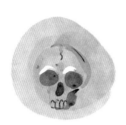

이름 : 김철수

2001 ~ 2022

사인 : 교통 사고

이름 : 꽃분이

2019 ~ 2022

사인 : 도축

이름 : 햄토리

2021 ~ 2022

사인 : 과식

이름 : 왕개미

2022 ~ 2022

사인 : 불명

어의 생각이다.

싱어는 이 정도의 원조라면 잘사는 사람에게 큰 희생이 아니라고 본다. 즉 잘사는 사람은 큰 희생 없이 가난과 전염병으로 죽을 수도 있는 사람을 도와줄 수 있다. 이런 도움은 희생이 아니라 사람의 의무라는 것이 싱어의 생각이다. 이것이 원조의 의무다. 사람들은 내 옆에서 가난으로 고통받는 사람을 먼저 도와야 한다고 생각한다. 싱어는 고통받는 사람을 금액과 거리와 관계없이 도와야 한다며 세계시민주의를 강조한다.

영국의 공리주의자 벤담은 사람에게 인권이 있다면 동물에게도 동물권이 있다고 주장한다. 공리주의의 영향을 받은 싱어도 동물권에 대해 진지하게 주장한다. 벤담도 동물이 고통을 느낀다고 주장한다. 같은 고통이 사람과 동물에게 주어진다면 사람들은 자신이 동물보다 더 큰 고통을 느낀다고 생각한다. 동물의 생각은 전혀 고려하지 않기 때문에 가능한 주장이다.

싱어는 동물과 인간을 동등하게 생각하지 않고 동물권보다 인권을 더 중요하게 여기는 사람을 종차별주의자라고 한다. 인간들 사이에서 인종을 차별하는 것이 인종차별이다. 남녀를 차별하면 성차별이다. 싱어에게 종과 종의 차별, 즉 인간이라는 종과 동물이라는 종을 차별하는 사람은 종차별주의자다. 즉 싱어에게 종차별, 인종차별, 성차별은 모두 같은 의미를 지닌다.

싱어는 어린아이가 갖는 생명의 가치가 어디에서나 같다고 주장하며 원조 의무를 우리에게 지워주었다. 그리고 동물과 인간이 갖는 권리도 같다며 인종차별이나 성차별을 하지 않듯이 종차별도 하지 말 것을 주장한다. 싱어는 자신이 세계시민이며 세상이 내 도시국가라고 말한 디오게네스의 사해동포 사상을 더욱더 확대해 인간뿐 아니라 동물까지도 같은 가치를 지닌다는 세계시민주의로 발전시켰다.

13장

관념이 세상의
진실일까?

인식론

의지와 표상의 철학자,
쇼펜하우어

라틴어에서 '나쁘다'의 최상급은 페시뭄(pessimum)이다. 이 단어에서 파생한 용어가 페시미즘(pessimism), 즉 염세주의다. 염세주의는 19세기 전반기 유럽의 시인, 작가, 음악가, 철학자 등 사상가 대부분에게 나타난 사조다. 왜 이런 염세주의가 나타났을까? 그 이유를 모든 사람이 나폴레옹 보나파르트에서 찾는다.

나폴레옹은 프랑스에서 시작해 모스크바까지 말 그대로 파죽지세로 혁명적인 전쟁을 했고, 가는 곳마다 승리를 거두었다. 나폴레옹의 승리가 의미하는 것은 황제와 봉건영주의 몰락이며, 종교의 몰락을 의미했다. 황제와 성직자가 결탁해 사상가의 자유를 막고 있던 시절에 나폴레옹의 혁명적 행동은 그야말로 최고의 대접을 받을 만했다.

그러나 나폴레옹은 모스크바에서 철수할 수밖에 없었고, 워털루 전투에 패하면서 쇠퇴의 길을 걸었다. 이후 나폴레옹이 세인트헬레나섬에서 죽자 예전 나폴레옹이 해체한 신성로마제국은 더 강한 국가들로 돌아왔다. 또한 봉건영주가 자기의 땅과 성의 소유권을 주장하면서 시민들은 더 심한 고통에 빠져들었다.

물가가 하락해 서민의 삶은 힘들었지만 귀족은 부활해 다시 사치를 부렸다. 결국 모스크바부터 이탈리아에 이르기까지 유럽은 황폐해지고 말았다. 유럽은 정말 이보다 더 나쁠 수 없는 상태가 됐다. 결국 유럽 사상가들은 세계가 처음부터 불합리해 비애로 가득 차 있다고 생각했다. 게다가 행복이나 희열은 잠시 스쳐 지나가는 덧없고 일시적인 것에 불과하다고 보았다. 바로 이런 세계관이 염세주의이며, 염세주의는 이렇게 태어났다.

19세기 철학자 중 대표적인 염세주의자는 바로 아르투어 쇼펜하우어(1788년~1860년)다. 나폴레옹의 혁명적인 전쟁을 좋아했던 유럽 사상가들은 대부분 자유 애호가임과 동시에 현실주의자였다. 쇼펜하우어도 비슷한 성향이었다.

자유를 사랑한 그는 아버지의 사업을 이어받으려고 받은 교육과 훈련 탓에 무뚝뚝한 성격과 고집이 몸에 배었다. 또한 현실을 직시할 줄 알았고 사람을 파악하는 지식도 남달랐다.

쇼펜하우어는 대학교에서 오랫동안 강의를 하지 않은 몇몇 교수 중 한 사람이었다. 아버지로부터 물려받고 배운 그의 성격이 강의실에서 학생을 가르치기에 적합하지 않았기 때문이다. 그는 아버지 사업을 물려받기 위해서 아버지와 함께 유럽의 여러 나라를 여행한 적이 있었다. 1803년 유럽 전역을 여행하면서 그가 얻은 것은 염세주의뿐이었다.

나폴레옹이 지나간 자리는 파괴만을 남겼고, 가난과 빈곤 외에 시민들로부터 찾을 것은 아무것도 없었다. 이를 목격하고 돌아온 쇼펜하우어는 자신의 철학을 의지와 표상이라는 두 단어로 표현한다. 쇼펜하우어는 세상을 표상과 의지로 본 것이다.

많은 사람은 세상을 감각적인 것으로 파악한다. 그러면서 묻는다. 감각적으로 파악하는 것이 다인가 아니면 다른 무엇이 있는가? 이는 감각적으로 파악되는 세상의 대상이나 물건을 만든 어떤 것이 있는가 하는 물음이다. 이 어떤 것을 고대 그리스 사람들은 제우스라고 주장했다. 제우스가 세상 만물을 있게 한 그 어떤 것이다. 철학자들의 생각은 조금 달랐다. 예를 들어서 눈으로 볼 수 있는 존재가 있으려면 눈에 보이지 않는 것이 있기에 가능하다고 말한다.

철학자는 눈에 보이는 것을 있게 하는 다른 것이 있다고 주장했는데, 이를 지칭하는 단어는 철학자마다 달랐다. 쇼펜하우어는 이 지점에서 의지와 표상이라는 단어를 사용한 것이다. 표상의 세계는 감각적인 것으로 파악이 가능하도록 드러난 세상의 대상이나 물질을 말한다. 이런 것은 사람들이 감각으로 증명할 수 있다. 보고, 맛보고, 냄새를 맡아서 파악할 수 있다. 물론 시간과 공간 속에 존재하며 시간이 지나면서 사라지기도 한다. 이뿐만 아니라 이런 표상의 세계는 원인과 결과에 따라서 나타나기도 하고 없어지기도 한다.

의지의 세계는 다르다. 표상의 세계 뒤에 감추어진 세계이며, 표상의 세계에 존재하는 대상이나 물건의 본질에 해당하는 세계다. 인간의 감각적 경험으로는 결코 이 본질을 파악할 수 없다. 사람의 인식이나 감각으로부터 독립돼 있기 때문이다.

그렇다면 의지의 세계를 설명할 때 핵심에 해당하는 '의지'라는 개념

약간의 근심, 고통, 고난은 삶에 반드시 필요한 양념이다.

— 쇼펜하우어 —

을 쇼펜하우어는 어디에서 가지고 왔을까? 우리는 이 답도 염세주의처럼 나폴레옹에서 찾아야 한다. 쇼펜하우어는 나폴레옹의 전쟁이나 혁명적인 행동을 하나의 의지로 보았다. 어쩌면 쇼펜하우어는 나폴레옹을 신격화했을 수도 있다. 나폴레옹의 의지에 따라 세상이 변했다고 본 것 같다.

감각적인 사물 뒤에서 그 사물을 있게 한 것이 사물의 본질이라 했다. 쇼펜하우어가 말한 의지가 바로 이 본질을 의미한다. 나폴레옹의 의지가 곧 본질이며, 그의 행동 하나하나에 의해서 세계의 모든 대상은 달라지고 변하고 사라진다고 쇼펜하우어는 보았다.

표상의 세계는 현상세계이며 세계의 진정하고 참다운 모습이 아니다. 어쩌면 이 표상은 참 세계의 껍질에 불과할 수 있다. 그러나 의지의 세계는 표상의 세계 아래에 놓여 있는 참모습이다. 또한 의지의 세계는 인간의 삶에 대한 의지로 가득 찬 세계다. 쇼펜하우어는 의지의 세계를 이렇게 삶에 대한 본능과 욕망 혹은 욕구로 가득 찬 세계로 보고 있다.

쇼펜하우어는 의지와 표상을 세계에만 적용한 것이 아니라 사람에게도 적용한다. 세계와 마찬가지로 사람에게 의지는 내적인 것이며, 표상은 외적인 것이다. 사람의 외적인 것으로 그 사람을 파악할 수 없다. 마찬가지로 사람은 내적인 의지를 통해 자신의 본질을 찾아야 한다. 사람은 살아가면서 다른 사람과 비교한다. 그 기준은 무엇일까? 쇼펜하우어는 의지라고 한다. 즉 사람은 자신의 의지를 발견할 때 다른 사람과 비교하고 자신의 삶을 찾을 수 있다.

그렇다면 쇼펜하우어가 주장하는 의지의 진정한 의미는 무엇일까?

사람이 의지를 통해 감각적 대상이나 사물을 파악한다면, 의지를 가져서 자연 세계를 파악할 수 있다. 즉 쇼펜하우어는 세상을 파악하려는 지성적 의지를 중요하게 여긴다. 문제는 사람이 지성적 의지로 윤리적 행동을 할 때다. 왜냐하면 사람은 지성적 의지로 좋은 일도 하지만 나쁜 일도 하기 때문이다. 좋은 행동만큼 나쁜 행동도 지성적 의지의 중요한 역할이 되는 것이다.

쇼펜하우어에게 중요한 것은 세계를 관념으로 보느냐 의지로 보느냐다. 쇼펜하우어가 보기에 대부분 과학자는 세계를 파악할 때 현상적인 물질이나 대상으로 해석한다. 그렇기에 과학자에게 세계는 관념이다. 이런 사람을 관념론자라고 한다.

많은 철학자는 세계를 사물 자체로 보고 본질에 의해 현상세계가 나타난다고 본다. 따라서 쇼펜하우어와 마찬가지로 세계를 의지로 본다. 이런 사람은 '주의주의자'라고 한다.

쇼펜하우어는 둘 다를 인정한다. 관념이나 의지 둘 중 하나로 세계를 온전히 파악할 수 없다는 것이 그의 생각이다. 이 때문에 그는 두 세계를 모두 인정한다. 철학사에서는 그를 주의주의적 관념론자라고 한다. 즉 쇼펜하우어는 인간을 정신과 인격으로 이해하기 때문에 관념론자다. 그러나 세계의 현상적인 대상이나 사물을 표상으로 보고, 그 본질을 의지로 보기 때문에 주의주의자다.

유럽을 새로운 혁명의 나라로 만들겠다는 나폴레옹의 의지는 눈에 보이지 않았으나 황폐화라는 감각적인 표상의 세계를 낳았다. 쇼펜하우어는 나폴레옹 전쟁이 남긴 참상을 경험하면서 의지의 세계와 표상의 세계가 다름을 분명히 인식했으며 전과 다른 염세주의를 탄생시켰다.

베르그송,
약동하는 생을 바라보다

수학을 중심으로 발달한 과학은 17세기 이후 철학에 많은 영향을 준다. 특히 철학에서 심리학이 분리되면서 과학과 심리학 사이에 주도권을 잡기 위한 경쟁도 만만찮았다. 철학은 생각과 이성을 앞세워 논리적인 방법으로 정신 문제를 해결하려고 노력했는데, 이를 유심론이라고 한다.

과학이 발달하자 산업화가 진행된 사회에서는 정신보다 물질을 더 중요하게 생각했다. 산업화는 정신이 이성이나 생각을 지배하는 것이 아니라 물질이 지배하는 상황을 만들었다. 과학은 바로 이런 점에서 정신을 물질적인 문제로 바라보고 해결하려고 했다. 이런 시도를 이름해 유물론이라고 한다. 물론 유물론은 고대 그리스 철학에서도 있었지만 17세기 이후크게 발전했다.

산업이 발달하면서 물자가 풍부해지고 삶의 질이 향상됐다. 그러자많은 사람은 과학만능주의 혹은 물질만능주의에 서서히 길들어져 갔다. 예를 들어서 사람의 생명은 누가 다루어야 할까? 당연히 생물학자나 의학자가 다루어야 한다. 하지만 어떤 사람들은 그렇게 생각하지 않았다. 오히려 기계 수리공이나 훌륭한 기사의 생각을 더 믿고 따를 정도였다.

이렇게 사람의 생명과 기계의 수명을 같은 것으로 볼 정도로 유물론은 큰 힘을 갖게 됐다. 그러자 생명의 중요성을 강조한 철학자들이 나타났다. 가장 대표적인 철학자는 프랑스의 앙리 베르그송(1859년~1941년)이다. 베르그송도 당시 학문 분위기에 따라 처음에는 수학과 물리학을 전공했다. 그 덕분에 과학 실험과 분석에 뛰어난 능력을 갖추었다.

물리학에 깊이 빠져들수록 베르그송은 풀 수 없는 한 가지 문제를 접하게 된다. 그것은 바로 감각적 현상들 뒤에 숨어 있는 형이상학적인 문제였다. 이 형이상학적인 문제를 해결하려면 철학이 필요했다. 결국 베르그송은 자신의 문제를 형이상학으로 풀려고 시도한다.

세계에 존재하는 대상이나 사물을 인식하는 방법은 여러 가지가 있다. 베르그송은 이를 위해서 두 가지 방법을 제시한다. 하나는 분석이고 다른 하나는 직관이다. 첫 번째 분석적 방법의 예를 들어보자. 우리가 대상의 주변을 빙빙 돌면서 과학적인 방법으로 분석하고 실험을 해서 지식을 얻는 방법이 있다. 즉 과학적인 방법에 따른 인식 방법이다. 이런 인식 방법은 관찰하는 사람의 분석 능력과 실험 능력에 따라 얻을 수 있는 지식도 달라진다. 따라서 이 방법으로 얻은 지식은 상대적이다.

직관적 방법은 조금 다르다. 분석적 방법처럼 대상의 주변을 실험이나 관찰로 인식하려는 것이 아니다. 오히려 대상 안으로 들어가서 인식한다. 이 방법으로 상대적인 지식이 아닌 절대적인 지식을 얻을 수 있다고 베르그송은 주장한다. 분석은 과학적인 방법이고 직관은 형이상학적인 방법임을 우리는 금방 알 수 있다.

우리는 시간과 공간 안에서 산다. 이 시간과 공간이라는 개념은 우리가 만들어낸 것이다. 공간은 한정된 개념이고, 시간은 지속적인 개념이다. 당시 사람들이 유물론적인 사고를 한 것도 공간적 개념으로 사고했기 때문이다. 과학이 발달한 덕분에 산업이 발달하고 삶의 질이 좋아진 것은 같은 공간 안에 사는 모든 사람이 느끼는 현상이었다.

여기에 시간 개념을 넣으면 조금 달라진다. 시간은 한정돼 있지 않고 지속적이다. 과거로부터 미래를 연결해 주는 연장이 바로 시간이다. 과거의 일이 현재에 일어나고, 현재의 사건이 미래에도 일어난다고 가정할 수 있다. 하지만 시간적으로 순간순간 일어나는 것은 항상 새로운 것이고, 그것을 예측하기는 전혀 쉽지 않다. 그러므로 시간에 따른 변화는 사람이 생각하는 것보다 근원적이고 근본적일 수 있다.

이런 시간의 지속으로 생기는 변화는 과학적인 분석으로 파악하는 것이 어렵지 않다. 그러나 변화의 근본적인 것, 즉 형이상학적인 것을 파악하는 것은 어렵다. 베르그송은 직관으로 인간의 자아 문제를 해결하고자 했다. 지금까지 많은 철학자는 논리적이거나 이성적인 방법으로 지성을 파악했다. 베르그송은 전혀 다른 방법인 직관을 이용한다.

직관을 단어 그대로 설명하면 이렇다. '보면 안다는 것'이다. 논리나 이성으로 추론하는 것이 아니라 그냥 인식되는 것이 직관이다. 직관으로 대상이나 사물을 있는 그대로 인식하고 파악할 수 있다. 베르그송은 이런 직관적 방법으로 자아를 파악한다. 자아는 분석적으로 파악할 수 없는 것으로 직관으로만 파악할 수 있다.

직관으로 파악된 자아는 변화를 가져다주는 시간을 파악할 수 있다. 시간은 비록 과거를 중심으로 미래를 예측할 수 없지만, 변화를 가져다주는 것은 분명하다. 사람의 문제만 놓고 본다면 시간에 따른 변화는 다른 사람의 변화도 볼 수 있다. 직관으로 파악된 내 자아는 다른 사람의 변화를 보면서 다른 사람의 감정이나 인식 능력을 공감할 수 있게 된다.

시간의 지속을 인식할 수 있는 직관은 마침내 생명의 약동을 파악하기에 이른다. 베르그송은 시간의 지속을 단순히 시간 흐름으로 보지 않고 생명 흐름, 즉 약동하는 생명의 흐름으로 파악한다. 과거라는 순간이 현재라는 순간을 이어주고, 현재라는 순간은 또 미래라는 순간을 낳는다는 것을 우리는 자아를 통해 인식할 수 있다. 이렇게 과거에서 미래로 이어지는 끊임없는 변화 혹은 변화 과정은 시간의 지속 덕분에 가능하다. 시간의 지속을 경험할 수 있는 것은 결코 외적인 것이 아니라 내적인 의식에 의해서만 가능하다.

생명의 약동은 사람에게만 있는 것이 아니라 우주 전체에 있다는 것이 베르그송의 생각이다. 생명은 과거를 현재로, 현재를 미래로 연결해 주기 때문에 늘 노력하는 것이다. 생명은 끊임없이 변화하고 생산하는 것이기 때문에 스스로 목표를 정하고 나아간다. 생명에게는 일정한 방향이 있어서 그것을 막을 수도 없으며 우연으로 존재하지도 않는다.

생명은 물질로 덮여 있다. 물질의 특징은 힘들면 쉬고, 부족하면 보충하고, 어려우면 멈추려 하고, 시간이 되면 더는 존재하지 않고 사라진다. 바로 이런 물질적인 특징을 생명도 고려해야 한다. 처음 생명은 물질과 함께 쉬고 채우고 멈추고 사라진다. 하지만 생명의 특성은 이런 물질적인 특징을 극복하는 것이다.

이것이 바로 베르그송이 말하는 생명 진화에 관한 이론이다. 짐승이나 식물도 필요에 따라 모습을 바꾸듯이 사람도 진화를 이어간다. 물질로 이루어진 인간의 생명도 필요에 따라 다른 동물이나 식물처럼 탈바꿈한다거나 진화를 해야 한다. 그러나 그것이 쉽지 않음을 알고 인간은 도구와 장비를 사용하게 됐다.

베르그송은 생명 진화를 세 가지로 나누어 설명한다. 하나는 생명이 물질적인 식물의 무감각에 빠져 오랜 기간 변하지 않고 사는 것이다. 다음은 생명의 정신과 노력으로 본능을 갖고 사는 것이다. 베르그송은 개미와 벌을 예로 들고 있다. 마지막으로 생명의 자유를 버린 척추동물이다. 척추동물은 생명의 자유를 버리고 생각과 이성을 통해 무한한 도전을 한다. 물론 척추동물의 본능은 현실에 안주하려 하지만, 척추동물의 지성은 다르다. 시간이 지나면서 지성은 강해지고 광범위하게 세상을 파악하려고 노력한다. 결국 이 지성이야말로 생명 진화가 기대하는 희망이다.

14장

모두가 행복해지는
방법이 있을까?

쾌락과 금욕

공리주의자 벤담의
최대 다수의 최대 행복

18세기 영국은 산업혁명을 앞세워 물질적으로 풍요로운 국가가 됐다. 늘어난 생산품이 사람의 삶을 전보다 편리하게 만든 것이다. 과학 발전은 풍요로움과 편리함을 사람들에게 제공했지만, 공장들은 자유경쟁에 빠졌고 개인의 이윤 추구 또한 점점 심해졌다. 결국 영국 사회는 부자와 가난한 사람 사이에 심한 격차를 보이며 불안해졌다.

문제는 여기서 끝나지 않고 개인의 이익 추구가 사회의 이익 추구로 이어질 수 있는가 하는 의문으로까지 번져나갔다. 국가나 사회가 개인의 이익을 위해 무엇인가 해야 한다는 생각이 나타났으며, 그 결과 국가 정책이나 법 같은 문제가 새로 정리돼야 한다는 의견까지 나왔다. 사회적으로 빈부격차가 심해지고 국민에게 불만이 생기면, 국가는 무엇인가 개인 이익에 관여해야 한다. 개인 이익을 위해 국가가 무엇인가 하려면 새로운 정책이나 법이 필요하다.

이런 영국의 상황을 놓고 빨리 국가 정책과 법을 바꾸자고 주장한 철학자가 몇몇 나타났다. 바로 급진적 개혁을 주장한 공리주의 철학자들이었는데, 그중 대표적인 철학자가 제러미 벤담(1748년~1832년)이다.

절대적 윤리관을 이어받아 칸트는 동기주의 윤리 이론을 만들었다. 그래서 칸트는 지금 당장 실천하는 것이 중요하다며 정언명령을 주장했다. 여기서 한 가지 의문이 생긴다. 어떤 사람이 동기만 생각하고 윤리적 행동을 했는데, 그 결과가 나쁘면 어떻게 될까? 물론 칸트는 윤리적 행위 자체가 선한 것이기에 그런 일이 없다고 한다.

칸트와 다른 생각을 하는 사람들은 동기와 관계없이 결과가 좋거나 나쁠 수 있다고 생각했다. 이들은 동기보다 결과에 더 중요성을 둔다. 이처럼 칸트의 생각과 다른 윤리관을 우리는 결과론적 윤리관이라고 한다. 도덕적인 행동에는 항상 옳고 그름이 있다. 결과론자들은 이때 그 행동이 가져다주는 결과도 생각해야 한다고 말한다. 이들은 올바른 행동이란 최선의 결과를 얻을 수 있는 행동이라고 정의한다.

동기론은 행동의 결과를 예측할 수 있다. 거짓말을 하지 않고 약속을 지켰을 때 어떤 결과가 나올지 충분히 예측할 수 있다. 결과론은 그 결과를 예측할 수 없다. 결과론자들은 최선의 결과를 얻는 것이 올바른 행동이라고 정의하지만, 최선의 결과가 가져다주는 상황을 우리가 예측할 수 없기 때문이다. 거짓말을 하고 약속을 지키지 않았지만, 그 결과가 최선이라면 그것은 올바른 행동이 되는 것이다. 결과론자들은 윤리적 행동의 결과를 예측할 수 없다.

이런 결과론적 윤리관이 바로 공리주의자들의 생각이다. 그리고 이 공리주의 체계를 완성한 사람이 벤담이다. 벤담의 주장 중 가장 유명한 말은 '최대 다수의 최대 행복'이다. 빠른 사회 변화로 빈부격차가 심해지고,

국가나 정부가 시급하게 새로운 정책을 펼쳐야 하는 시점에서 벤담은 무엇을 해야 할까를 생각했다. 벤담이 찾은 답은 가능한 한 많은 사람이 가능한 한 많은 행복을 누리고 사는 것이었다.

사람이 살아가면서 항상 느끼는 것은 고통과 쾌락이다. 사람은 고통을 멀리하고 싶고, 쾌락을 가까이하고 싶다. 결국 사람은 윤리적 행동을 할 때 고통과 쾌락을 생각한다. 가능하다면 쾌락을 얻을 수 있는 행동을 한다. 결국 인간의 모든 행동은 고통과 쾌락이 결정한다 해도 과언이 아니다.

벤담은 우리의 행동을 결정하는 것이 윤리적인 동기론이나 결과론이 아니라 오히려 고통과 쾌락이라고 본다. 결국 사람은 고통을 피하고 쾌락을 얻는 것에 윤리적 행동의 목적을 둔다. 벤담은 이렇게 쾌락을 중심으로 '최대 다수의 최대 행복'을 주장한다. 그리고 최대 다수의 최대 행복은 공리주의자의 중요한 이론이며 원리가 됐다. 공리란 사람에게 이익과 쾌락으로 행복을 주고 고통을 멀리하는 것을 뜻한다.

벤담은 공리 이론이 당시 영국 정부의 빠른 개혁을 위한 법 제정과 제도 정비에 꼭 필요하다고 보았다. 개인의 행복이 보장돼야 국가의 행복도 보장된다고 본 벤담은 행복의 집합체도 인정하게 된다. 즉 쾌락이나 행복 전체의 합이 국가의 행복이다. 벤담은 쾌락이나 행복을 질적인 것으로 보지 않고 양적인 것으로 본 것이다.

따라서 벤담은 쾌락을 수적으로 계산할 수 있다고 보았다. 국가 전체에서 한 사람이 행복하면 그 나라가 행복한 것이 아니다. 하지만 최대한 많은 사람이 행복하면 그 국가는 행복하다고 해도 된다. 이 행복이나 쾌락

은 주위 사람들에게도 영향을 준다.

행복이나 쾌락이 어느 정도까지 지속되느냐 하는 것도 중요하다. 벤담은 '얼마나 강한가, 얼마나 오래 지속되는가, 얼마나 확실한가, 얼마나 가까운 곳에 있는가, 고통은 없는가, 다른 쾌락을 낳는가, 다른 사람에게 영향을 주는가' 등 7가지 기준을 정해 행복을 위한 쾌락을 계산했다. 이 기준으로 수치를 계산해 쾌락의 정도를 양적으로 가늠한다. 수치가 높으면 행복한 것이지만, 낮으면 불행하다.

벤담은 이렇게 쾌락 기준법을 중심으로 쾌락의 전체 양을 정한다. 개인이든 국가든 쾌락의 총량이 많다면 행복하고 좋은 사회로 본다. 쾌락과 고통은 윤리적 행동 뒤에 일어나는 현상이며, 벤담은 쾌락의 총량이 더 많아야 좋은 사회라 말한다. 이렇듯 공리주의는 결과론적 윤리관을 취한다.

쾌락의 총량이 고통의 총량보다 많지 않다고 생각하면 행동으로 옮길 필요가 없다. 행복할 수 없기 때문이다. 물론 윤리적 행동은 해야 한다. 결과는 예측하는 것이지만 행동은 지금 옮겨야 하는 실천이다. 실천 뒤의 결과는 쾌락과 고통 중 하나일 것이다. 결과론을 중시하는 공리주의자에게 고통이라는 결과는 올바른 행동이 아니며, 쾌락이 바른 행동이다. 그래서 공리주의자에게 윤리적 행동의 가치는 정해져 있지 않다. 윤리적 행위의 옳거나 그름의 기준은 당연히 동기가 아니라 결과다.

최대 다수의 최대 행복이란 원리는 이처럼 긍정적인 면과 부정적인 면이 있지만, 벤담은 빠른 개혁을 위해 영국의 법과 정치제도에 적용하기를 원했다. 이때 벤담은 국민 모두의 쾌락과 행복을 위해 공정하게 원리가 적용될 것을 희망했으며, 개인 행복의 총합이 국가의 행복이라고 했다. 다른 말로 개인의 행복이 국가의 행복으로 확대되고 넓혀져 나가는 것이다. 결국 국가의 행복이 개인의 행복이라고도 할 수 있다. 이때 국가는 옳고 그름의 윤리적 행동을 할 때 가능한 한 많은 국민이 가능한 한 많은 행복이나 쾌락을 느낄 수 있게 해야 한다.

바로 이런 점에서 벤담의 공리주의는 개인의 이익과 국가의 이익이 잘 조화를 이루어야 한다고 말한다. 이 목적을 이루기 위해서 벤담은 평등한 분배를 주장한다. 경제적인 자유로움이 쾌락을 가져다주고 행복을 준다는 것이다. 물론 돈이라는 경제적 부가 사람의 행복이나 쾌락을 좌우하지는 않는다. 많은 돈이 꼭 행복을 보장하지는 않기 때문이다. 그래도 어느 정도의 경제적인 부가 있어야 개인의 행복이 보장된다. 벤담이 공정한 분배를 주장한 이유다.

벤담에 따르면 국가는 국민의 행복과 쾌락을 위해 균등하고 공정한 분배를 해야 한다. 이 같은 벤담의 주장은 영국 사회에 큰 영향을 주었으며 훗날 사회주의의 탄생에 큰 영향을 주었다고 평가받기도 한다.

공리주의자 밀의
질적인 쾌락

18세기부터 영국에서도 산업혁명의 단점 중 하나인 빈부격차가 심하게 나타났다. 이 격차를 좁히기 위해 무엇보다 빠른 개혁이 필요했다. 이 과정에서 영국의 공리주의가 탄생한다. 벤담이 중심이 된 공리주의는 빠른 경제성장과 경제적인 부가 국민에게 행복을 줄 수 있다고 믿었다. 양적인 쾌락만이 행복을 줄 수 있다고 벤담은 믿은 것이다. 물론 국가가 국민에게 균등한 배분을 한다는 점을 전제로 하긴 했다.

역시나 경제적인 부를 우선시한다는 것인데, 바로 이것이 벤담의 단점이다. 물론 빠른 개혁을 위한 어쩔 수 없는 주장이라고 할 수는 있다. 하지만 행복의 양이 양적인 쾌락에 비례한다는 주장은 문제가 없지 않다.

벤담도 이를 모르지는 않았을 것이지만 해결하지는 못했다. 그러다 벤담의 뒤를 이어 공리주의를 이끌었던 존 스튜어트 밀(1806년~1873년)은 벤담의 생각을 조금 다듬어 이 문제를 해결한다. 즉 밀은 양적인 쾌락 대신에 질적인 쾌락이 사람들에게 더 많은 행복을 가져다준다고 주장한다.

벤담의 주장과 생각을 이어받은 밀도 공리주의자답게 사람들의 가장 큰 기쁨과 목적은 쾌락에 있다고 주장한다. 쾌락만이 인간에게 행복을 가저다줄 수 있다는 것이다. 공리주의자의 원리인 '최대 다수의 최대 행복'이라는 입장도 여전히 지킨다. 하지만 밀은 양적인 쾌락도 중요하지만, 질적인 쾌락이 더 중요하다는 주장을 편다.

사람은 살아가면서 다양한 종류의 쾌락을 느낀다. 이렇게 많은 쾌락 중에서 어떤 것은 가치가 있는 것도 있겠지만, 또 어떤 것은 그렇지 않을 수도 있다. 게다가 어떤 쾌락은 다른 쾌락에 비해 더 바람직할 수도 있다. 이 때문에 밀은 쾌락을 느낄 때 질적인 것을 고려하지 않을 수 없다고 주장한다. 그러면서 질적으로 수준이 높고 가치 있는 쾌락과 질적으로 낮고 가치 없는 쾌락으로 구별했다. 양적으로 아무리 많은 쾌락을 누린다고 해도 질적으로 낮거나 가치가 없다면 행복을 느낄 수 없다는 주장이다.

일반적으로 질적인 쾌락과 양적인 쾌락을 두고 어떤 것을 취하려 할까? 그리고 질적인 쾌락은 어떻게 구별할까? 밀은 일반적이고 합리적인 사람이라면 누구나 이 정도는 구별할 수 있다고 말한다. 사람은 높은 수준의 쾌락을 좋아하게 돼 있다고 말이다. 밀은 사람이 좋는 쾌락을 물질적이며 감각적인 쾌락과 정신적 쾌락으로 나눈다. 이때 사람은 당연히 높은 수준의 쾌락을 좇는다. 일반적이고 합리적인 이성을 가진 사람이라면 누구든지 정신적 쾌락을 좇을 것이라고 밀은 주장한다.

물론 일반적으로 우리는 감각적 쾌락보다 정신적인 쾌락이 낫다고 한다. 누가 이것을 판단할 수 있을까? 밀도 이 점에 대해서는 분명 의문을 품었던 것 같다. 밀은 그 답을 둘 다 경험해 본 다음에 결론을 내려야 한다고 말한다. 감각적 쾌락과 정신적인 쾌락을 모두 경험해 보고 난 다음에 어떤 쾌락이 우월한 쾌락인지 결정할 사람이 필요하다. 이런 사람을 밀은 쾌락의 전문가로 보고, 그 전문가의 선택을 받아들여야 한다고 주장한다.

일반적으로 감각적 쾌락은 양적인 쾌락이고 정신적인 것은 질적이다. 이 때문에 우리는 양적인 쾌락보다 질적인 쾌락의 중요성을 강조하는 것이다. 바로 여기서 밀은 다음과 같은 유명한 명언을 남긴다. "만족한 돼지보다 불만족한 인간이 되는 것이 낫다. 만족한 바보보다 불만족한 소크라테스가 나은 것이다."

만족한 돼지와 만족하지 못하는 인간 중 당연히 만족하지 못하는 인간이 질적으로 가치 있는 쾌락을 누린다. 그리고 만족한 바보보다는 만족하지 못하는 소크라테스가 더 질적으로 고귀한 쾌락을 느낀다는 뜻이다.

실질적으로 질적인 쾌락을 느끼려면 벤담이 주장한 공평하고 공정한 분배가 이루어져야 한다. 여기서 우리는 공리주의자의 주장에 동의할 수밖에 없다. 함께 행복하고자 하는 공리주의를 우리는 여기서 찾는다. 어떤 사람이 질적으로 높고 고귀한 쾌락을 누리기를 원한다면, 다른 사람도 생각해야 할까 아니면 다른 사람은 생각하지 말고 자신만 생각하면 될까?

밀은 이때 이타심을 주장한다. 질적으로 높은 쾌락과 내 행복을 원한다면 다른 사람의 행복까지도 이루어지길 바라야 한다. 그렇지 않다면 최대 다수의 최대 행복은 이루어지지 않기 때문이다.

중세 이후 오늘날까지 유행하는 것이 있다. 바로 복권이다. 많은 사람이 복권을 산다. 복권을 사는 목적은 사람마다 다르지만, 모두가 그 결과에 따라 울고 웃는다. 복권을 구매한 많은 사람이 복권 당첨이라는 부푼

희망을 품고 행복해한다. 그런데 복권을 구매하지 않은 사람은 복권을 산 누군가가 당첨돼 꿈을 이루고 행복하기를 빌어줄까?

일반적으로 사람은 자신의 욕구와 욕망을 만족시키기 위해서 쾌락을 추구한다. 그렇다면 남의 욕구나 욕망을 만족시키는 쾌락이 충족되길 바랄까? 아마도 관심이 없거나 바라지 않을 수도 있다. 공리주의자의 생각은 다른데, 밀의 생각은 더 특별나다. 내 행복이 충족되는 것만큼 다른 사람의 행복도 충족되기를 바라는 것이 밀의 생각이다.

결과적으로 공리주의자들은 복권을 사지 않은 사람도 복권을 산 사람이 당첨되기를 바란다고 말한다. 물론 이런 주장에 이해가 가지 않을지도 모르지만, 이성적으로 전혀 이해할 수 없는 부분은 아니다. 공리주의자를 비판할 때 이 점을 자주 거론하는데, 쉽게 갑론을박이 벌어지는 생각이기 때문일 것이다.

공리주의자의 관점에서는 비판받을 이유가 전혀 없다. 그들의 주장 자체가 최대 다수의 최대 행복이라는 점을 떠올려보자. 복권에 당첨되는 사람이 많으면 그만큼 행복해지는 사람도 많아진다. 물론 여전히 풀지 못한 문제가 남아 있다. 최대 다수에서 소외된 사람의 행복은 어쩌란 말인가 하는 문제다. 최대 다수란 전부를 의미하는 것이 아니다. 최대 다수에서 소외된 사람도 최대 다수에 속한 사람의 복권 당첨을 진정으로 빌어줄 수 있을까? 여기서 우리는 희망이라는 단어를 찾는다.

지금은 최대 다수에서 소외됐지만 언젠가 최대 다수에 속할 수 있는 희망이 있다는 것이다. 희망이 실현되기 위해서는 최대 다수의 질적인 행복이 점점 더 커져야 한다. 이렇게 최대 다수가 점점 커지다 보면 언젠가는 전체가 될 수 있다는 희망이 있다. 이런 관점에서 공리주의자들의 복권에 대한 생각은 설득력을 얻는다.

벤담은 최대 다수가 완전해지는 방법으로 균등한 분배를 주장했지만, 밀은 법의 중요성을 강조한다. 즉 제도 마련이 답이다. 균등한 분배가 무엇을 의미하는지 사람마다 다르겠지만, 밀에게 있어 분배는 가난한 사람을 돕는 것이다. 오늘날 많은 나라에서 실업급여를 지급한다. 밀은 실업자가 아닌 가난한 사람만 도울 것을 법으로 정하자고 주장한다.

밀에 따르면 건강한 실업자에게 실업급여를 준다는 것은 더 많은 실업자를 만드는 것에 불과하다. 가난하고 힘없는 사람은 일하고 싶어도 할 수 없기에 국가는 그들만 도우면 된다는 것이다. 즉 법에 따른 균등한 분배가 실현될 때 최대 다수는 전체가 될 수 있다.

질적인 쾌락이든 양적인 쾌락이든 인간의 삶은 행복이 목적이다. 행복이란 결과다. 그래서 공리주의 윤리관은 결과론이다. 양적이든 질적이든 행복만 가져다줄 수 있다면 크게 문제 될 것이 없다. 물론 양적이면서 질적인 쾌락을 동시에 만족하기란 쉽지 않다. 이 때문에 벤담은 양적인 것을 주장하고, 밀은 질적인 것을 주장했다.

긍정적인 면과 부정적인 면을 동시에 갖는 공리주의는 빠른 개혁을 위해 제시된 이론으로 실제 많은 성과를 거두었다. 이뿐만 아니라 질적으로 우월한 정신적 쾌락이 행복을 가져다준다는 밀의 주장은 물질 만능을 추구하던 당시 사람들에게 많은 생각거리를 던져주었다.

15장

신,
역시 믿어야 할까?

신의 존재

아퀴나스의
신 존재 증명

유럽의 중세 철학은 크게 둘로 나눈다. 하나는 교부철학이고 다른 하나는 스콜라철학이다. 392년 로마제국은 그리스도교를 국교로 받아들였다. 그리스도교를 받아들이고 국교로 정할 때까지 로마제국은 그리스도교의 교리를 체계화해야 했다.

이 체계화에 많은 공을 들인 학자를 우리는 교회의 아버지라는 의미로 교부라고 한다. 이들은 철학적인 방법을 그리스도교의 교리를 체계화하는 데 이용했다. 그래서 이들을 교부철학자라고 한다. 교부철학자는 그리스도교의 체계화 외에도 기초를 다지고 신자들에게 교리를 가르치는 역할도 했다. 교부철학은 철학이되 그리스도교 신앙이 중심이다. 신자를 가르치는 교부철학자에게 그리스도교를 향한 믿음과 도덕적 자세는 의무였다.

교부철학자가 그리스도교를 체계화한 이후 그리스도교에서는 성직자가 필요했다. 성직자를 키우는 학교가 스콜라다. 스콜라는 라틴어로 학교를 뜻한다. 스콜라는 나중에 대학교로 발전한다. 이 학교에서도 철학적인 방법을 동원해 성직자를 길러냈다. 이때의 철학을 사람들은 스콜라철학이라고 한다.

　　스콜라철학을 대표하는 철학자가 토마스 아퀴나스(1225년경~1274년)
다. 아퀴나스의 철학을 알려면 먼저 고대 그리스 철학의 흐름을 알아야 한
다. 고대 그리스를 대표하는 철학자는 플라톤과 아리스토텔레스다. 플라
톤은 이데아 세계를 인정한다. 또 영혼의 세계도 인정한다. 이렇게 플라톤
은 두 세계를 인정했기에 그의 철학은 이원론이다. 아리스토텔레스는 다
르다. 한 세계만 인정하는 일원론이다.

　　그리스도교는 하느님의 나라와 인간의 나라 그리고 내세와 현세를 인
정하는 이원론적 체계를 갖고 있다. 플라톤의 사상과 참 비슷하다. 그래서
플라톤의 사상은 교부철학이나 스콜라철학을 완성하는 데도 많은 도움이
됐다. 하지만 일원론적인 이론을 주장하는 아리스토텔레스 철학은 받아들
여지지 않았다.

　　물론 아리스토텔레스 철학은 없어지지 않았다. 아테네에서 중동으로
건너가 발전을 거듭했다. 그리고 북아프리카를 거쳐 스페인으로 들어갔
다. 여기서 멈추지 않고 마지막으로 스페인에서 이탈리아로 아리스토텔레
스 철학이 들어갔다.

　　아리스토텔레스의 저서도 고대 그리스어에서 아랍어, 스페인어로 번
역됐다가 다시 라틴어로 번역됐다. 그래서 유럽 중세 시대의 철학자가 아
리스토텔레스 철학을 직접 접하고자 하면 고대 그리스어부터 배웠다. 아
퀴나스도 예외는 아니었다.

　　신부였던 아퀴나스가 아리스토텔레스 철학을 접한 것은 그야말로 모

험이었지만 고대 그리스어를 배워 아리스토텔레스 철학을 직접 연구했다. 그 결과 아퀴나스의 철학은 아리스토텔레스 철학과 흡사하다. 아리스토텔 레스는 인간의 근본적인 목적을 행복으로 보았는데, 아퀴나스도 마찬가 지다.

교부철학자에게 신앙이 강조됐다면, 스콜라철학자에게는 이성이 더 강조됐다. 왜냐하면 성직자를 길러내는 것이 목적인 스콜라철학자에게 가 장 큰 문제는 신의 존재 문제였기 때문이다. 성직자는 스콜라를 졸업한 다 음 성당으로 가서 신자들에게 신의 문제를 가르쳐야 했다.

스콜라철학자에게는 눈에 보이지 않는 신을 어떻게 설명해야 하는가 하는 문제가 있었다. 그들이 찾아낸 답은 이성이었다. 이성만이 그 문제를 해결할 수 있다고 보았다. 즉 이성적으로 철학적 논리를 적용해 실제 존재 하는 신을 설명할 수 있다고 주장한 것이다. 신이 존재한다는 증명을 시도 한 스콜라철학자들이 많다.

아퀴나스도 예외가 아니며 모두 다섯 가지 논증으로 신의 존재를 증 명하고 있다. 첫 번째는 제1운동자로서의 신을 증명한 것이다. 이 세상에 존재하는 모든 사물은 움직이고 있다. 그 움직임에 따라 세상은 변하고 바 뀐다. 한번 시간적으로 가정해 보자. 현재 움직이고 있는 사물을 움직이게 한 어떤 것이 있을까?

만약 있다면 그것을 또 움직이게 한 것도 있을 것이다. 이렇게 시간을 끝없이 거슬러 올라갈 수는 없을 것이다. 언젠가는 먼 과거에 움직임이 없 는 시기가 있었을 것이고, 그 움직이지 않는 것을 움직이게 한 첫 번째 운동이 있었을 것이다. 아퀴나스는 만약 이렇게 정지돼 있던 사물을 첫 번째로 움직이게 한 무엇이 있다면, 그것을 신이라고 해도 좋다고 생각했다.

우리는 도미노 놀이를 한다. 바로 도미노를 생각하면 제1운동자인 신을 쉽게 이해할 수 있다. 정지한 도미노 막대를 누군가가 처음으로 움직여 주면 그 도미노는 시간 흐름에 따라 넘어지면서 변화를 만들어낸다. 이렇게 첫 번째 막대를 밀어준 힘이 바로 제1운동자인 신이라고 생각하면 이해가 빠를 것이다.

두 번째는 제1원인으로서의 신이다. 세상의 모든 사물이 존재하는 것에는 원인이 있다. 즉 원인과 결과의 법칙인 인과론에 따라 이 세상의 모든 존재는 생성되거나 소멸한다.

이 인과의 법칙과 제1운동자로서의 신을 같이 염두에 두고 시간을 한 번 거슬러 올라가 보자. 끊임없이 원인과 결과가 이어지지만은 않을 것이다. 언젠가는 원인 없는 결과가 있을 것이다. 이렇게 원인 없는 결과는 그 자체가 원인이다. 아퀴나스는 이 원인 없는 결과를 제1원인이라고 한다. 만약 이런 제1원인이 있다면 이것이 바로 신이라고 아퀴나스는 주장한다.

셋째는 필연적 존재로서 신이다. 아퀴나스는 세계에 존재하는 모든 사물은 우연히 존재하게 됐다고 한다. 예를 들어서 민들레 홀씨가 날아가 새로운 민들레를 키운다고 하자. 바람이 불어 우연히 홀씨는 날아갔고, 대부분은 아스팔트 위나 돌 위에 떨어져 그냥 썩어버린다. 홀씨가 우연히 토양이 좋은 곳에 떨어진다면 새로운 민들레를 키워낸다. 이렇게 모든 존재는 우연으로 생겨나고 사라진다.

기호 **1** 빈의신

기호 **2** 부의신

주요 공약

빈민 복지
빈민 주거 지원
종교 갈등 중재처 신설
장애인 취업 지원

주요 공약

부자 감세
예배당 재개발 추진
시설 민영화 확대
최저생계비 폐지

하지만 아무것도 없는 곳에 무엇인가가 있어야 그것으로부터 우연한 존재가 나올 수 있다. 아무것도 없는 곳에서 무엇이 존재한다는 것은 곧 필연적인 존재일 수밖에 없다. 만약 이런 것이 있다면 그것을 아퀴나스는 신으로 불러도 좋다고 본다.

넷째는 절대적 가치로서의 신이다. 세상에 존재하는 모든 사물에는 가치가 있다. 어떤 것은 다른 것보다 더 가치가 있거나 그 반대이기도 하다. 이렇게 가치는 서로 비교하는 것이기 때문에 상대적이다. 이 상대적인 가치를 비교할 수 있는 것은 절대적인 가치가 있기 때문에 가능하다. 다른 어떤 것과도 비교할 수 없는 가장 완벽하고 절대적인 가치를 가진 어떤 존재가 있다고 가정할 수 있다. 이를 아퀴나스는 신으로 본다.

마지막으로 아퀴나스는 우주 설계자로서의 신을 주장한다. 우리는 흔히 우주법칙이나 자연법칙을 말한다. 우주나 자연의 법칙이 의미하는 것은 완벽한 설계다. 인간이 상상할 수 없을 정도로 완벽하게 설계된 경우, 우리는 우주법칙과 자연법칙을 말한다. 우주법칙과 자연법칙은 누군가에 의해서 계획된 것이며 잘 움직이고 있다. 바로 그 누군가가 신이라고 아퀴나스는 말한다.

신부였던 아퀴나스는 스콜라철학자답게 신의 존재를 증명했다. 그는 아리스토텔레스 철학을 좋아했으며, 인간 행동의 근본적인 목적을 행복으로 보는 것도 아리스토텔레스와 같다.

하지만 아퀴나스는 아리스토텔레스의 행복은 완전한 행복이 아니라고 주장한다. 그 이유는 신의 존재를 증명한 스콜라철학자답게 내세에서 찾는다. 아퀴나스는 내세의 신에 도달해야만 완전한 행복을 누릴 수 있다고 주장한다. 이성적으로 신의 존재를 증명한 아퀴나스는 완전한 행복도 이성적인 방법으로 찾았다는 점에서 신부나 성직자보다 철학자에 가까웠다.

신을 바보로 만든
에라스뮈스

문예부흥 운동으로 불리는 르네상스는 초창기에 빠르게 시민들의 문화 속에 스며들었다. 그런데 당시 신성로마제국은 주도권과 영토 확장을 이유로 전쟁을 계속 벌이고 있었다. 이런 사이 이탈리아에서 르네상스는 그 힘을 잃고 말았다. 르네상스는 결국 신성로마제국 이외 지역으로 넘어가 발전했다.

르네상스가 넘어간 지역 중 하나가 바로 네덜란드이며, 그곳의 대표적인 철학자가 데시데리위스 에라스뮈스(1469년~1536년)다. 에라스뮈스는 수도원 신부 출신임에도 불구하고 스콜라철학을 별로 좋아하지 않았다. 그의 성격은 재치 있고, 유머가 풍부했다. 영국 여행 중 영국의 르네상스 철학자 모어를 만나 깊은 우정을 나누었는데, 두 사람이 스콜라철학을 싫어하는 것부터 재치와 유머까지 닮은 점이 너무 많았기 때문에 가능한 일이었다.

에라스뮈스는 스콜라철학을 싫어할 뿐 아니라 자신이 몸담고 있던 그리스도교에 대해서도 부정적이고 비판적인 생각을 했다. 그가 어리석은 신을 예찬한 것만으로도 우리는 그의 성격이나 생각을 쉽게 짐작할 수 있다. 그가《우신예찬》이란 저서에서 어리석은 신을 찬양한 것은 아주 단순한 이유에서 시작한다.

수도원에서 생활한 에라스뮈스는 수도원의 도움으로 유럽의 여러 나라를 여행하며 철학과 문화를 배울 수 있었다. 특히 신부였던 그는 여러 나라를 다니면서 종교와 관련해서 많은 것을 보고 배울 기회가 있었다. 에라스뮈스는 여러 나라에서 경험한 그리스도교를 아주 간단하게 정의했다. 신이 너무 어리석다는 것이다. 신은 어리석기 때문에 자기를 신앙의 대상으로 삼지 않는 신자들에게 아주 관대하다는 것이다.

그리스도교를 믿는 사람은 미사나 예배를 하러 성당이나 교회에 간다. 미사나 예배에 참여하는 사람은 신자이고 이끌어나가는 사람은 성직자다. 신자란 신앙이 있는 사람으로 하느님이나 그리스도를 믿는 사람을 뜻한다. 성직자는 신의 말을 신자에게 전하는 사람이다. 그렇다면 신자나 성직자는 미사나 예배를 하면서 누구에게 기도해야 하며, 누구 말을 믿어야 할까? 그렇다. 신에게 기도해야 하고 신의 말을 들어야 한다.

에라스뮈스는 어떤 성직자도 신의 말을 신자에게 전하지 않는다고 판단했다. 심지어 신의 말이 아니라 성직자 자신의 말을 전하는 사람도 있었다. 신자는 어땠을까? 신자도 마찬가지였다. 신자는 신에게 기도하지 않고 성직자에게 기도하며, 신의 말을 듣지 않고 성직자의 말만 들었다.

유럽 여러 나라의 종교 실태를 보고 난 다음 에라스뮈스는 그리스도교가 타락했다는 사실을 너무나 쉽게 알 수 있었다. 에라스뮈스는 성직자와 신자 모두가 그리스도교의 정신이 무엇인지 모르고 있다고 판단했다.

성직자의 말만 믿고 따르는 신자들은 심지어 그리스도를 욕하거나 모욕하는 것을 당연하게 여겼다. 이런 신자들도 성직자에게는 오직 찬양만 늘어놓았다. 성직자에게는 어떤 농담도 하지 않았으며, 귀에 거슬리는 말이라면 한 단어도 사용하지 않았다.

성직자가 신의 위치보다 높은 곳에 있다고 판단한 에라스뮈스는 더 참지 못하고 어리석은 신을 예찬한다. 이 예찬에서 에라스뮈스는 당시 성직자와 교회 제도를 비판한다. 에라스뮈스는 성직자와 교회 제도만 비판한 것이 아니다. 당시 철학자와 신학자도 이런 성직자와 신자들의 태도를 잘 알고 있었다. 하지만 그들은 어떤 누구도 "성직자 당신 말이 맞습니다. 그러나 그리스도의 말이 더 중요하고 필요합니다."라는 충고를 하지 않았다. 여기에 화가 난 에라스뮈스는 그들도 함께 비판의 대상으로 삼았다.

《우신예찬》에서 어리석은 신, 즉 우신(愚神)은 아주 높은 존재라며 자신을 예찬한다. 이 세상에 사는 모든 사람은 우신 덕에 행복하게 살고 있다고 주장한다. 특히 높은 지위에 있거나 부자인 사람은 두말할 것 없다. 이들은 자신들이 잘나서 높은 지위에 있는 줄 알고 우신을 전혀 예찬하지 않는다며 우신이 화를 낸다. 그리고 세상의 모든 사람이 행복한 것도 자신 때문이라며 또 한 번 스스로 예찬한다. 물론 이들도 자신에게 고마워하지 않는다고 우신은 또 화를 낸다.

우신을 신으로 한번 바꾸어보자. 지위가 높은 사람은 신 덕분에 높은 지위를 누리고 살며, 모든 사람이 행복한 것도 신 때문이다. 그러나 그들은 스스로 높은 지위를 누린다고 생각하고, 사람들은 높은 지위를 가진 사

람 덕분에 행복하게 산다고 생각한다. 에라스뮈스는 신 덕분에 사람들이 자신의 지위에서 행복을 누리며 산다고 보고 있다. 그러나 어떤 누구도 그렇게 생각하지 않았기 때문에 신을 어리석은 신이라고 풍자한 것이다.

에라스뮈스가 종교 제도와 성직자만을 비판한 것은 아니다. 그는 나아가 당시 전쟁도 비판했다. 이런 에라스뮈스의 생각에서 우리는 그의 평화 사상을 찾아볼 수 있다. 신성로마제국의 강대국 사이에서 벌어진 전쟁 때문에 가장 피해를 보는 사람은 누구일까? 바로 백성이다. 왕과 고위 성직자가 뜻을 모아 전쟁을 하겠다면 백성은 무조건 전쟁터로 나가야 한다. 그리고 죽어야 한다.

왕과 고위 성직자가 전쟁을 선포할 때 그들은 신의 뜻을 앞세운다. 신의 뜻에 따라 악을 처단하고 선을 행한다는 명분을 내세운다. 즉 전쟁을 결정하는 사람은 선이 악보다 중요하다고 판단한다. 에라스뮈스는 전쟁 자체가 선보다 악을 조장한다고 주장한다. 전쟁에 나가는 성직자는 높은 모자를 쓰고 성경책을 손에 들고 지팡이를 짚고 나간다. 반면 왕은 투구를 쓰고 칼을 들고 방패를 들고 나간다.

투구와 성직자의 높은 모자, 성경책과 칼, 지팡이와 방패, 이런 조합은 세상 어디에도 없다고 에라스뮈스는 주장한다. 성직자가 하는 인사 중에 가장 대표적인 것이 "평화가 당신과 함께하십시오."이다. 전쟁터에서 이 말이 맞는 말이냐고도 묻는다. 이렇게 입으로는 평화를 부르짖으며 손으로는 사람을 죽이는 것이 당시 전쟁이라고 에라스뮈스는 보았다.

지배자들은 전쟁이 선을 실현하기 위한 것이라고 했다. 그런데 전쟁

자체는 사람을 죽이고 다치게 해야 승리하는 것이니 악을 실현하는 행위다. 종교의 목적은 절대 이렇지 않다. 종교는 사랑과 믿음으로 모두에게 행복을 가져다주고 평화롭게 살게 하는 것이다. 그러므로 전쟁과 종교는 처음부터 함께할 수 없다.

전쟁 비용은 누구의 몫인가? 결국 전쟁 때문에 노동은 심해지고 세금은 높아지며 백성은 살기 힘든 사회가 된다. 결과적으로 전쟁으로 얻은 것보다 잃는 것이 더 많다. 이렇게 에라스뮈스는 종교적인 문제, 윤리적인 문제, 경제적인 문제를 함께 거론하면서 자신의 평화 사상을 주장한다.

사람은 살아가면서 행복하기를 원한다. 에라스뮈스는 우리에게 묻는다. 정말로 행복한 것과 행복하다고 스스로 속이는 것 중 무엇이 더 행복할까 하고 말이다. 어쩌면 이 세상에서 가장 좋은 행복은 자신에게 거짓말할 때 찾아오는지도 모른다. 그래서 진짜로 왕이 되는 것보다 스스로 속여 왕이 됐다고 상상할 때가 더 행복하다고 에라스뮈스는 말한다.

에라스뮈스는 인간 존엄성에 관한 믿음과 인간 본성에 대해서도 냉철한 견해를 갖고 있었다. 그는 무엇보다 그리스도교의 가치에 대해 누구보다 존경심을 보였다. 이뿐만 아니라 그리스도가 가르친 자비와 사랑의 교리를 바탕으로 한 인문 정신을 끝까지 옹호했다. 에라스뮈스는 그리스도교를 정말로 사랑했기에 당시 누구도 하지 못했던 비판을 했다. 이런 그를 오늘날까지도 좋아하지 않을 사람과 이유가 어디 있겠는가!

스피노자의 능산적 자연과
결정론적 세계관

근대에 들어오면서 종교개혁과 과학의 발달로 종교의 지위나 제도는 크게 흔들렸다. 중세까지만 해도 인간의 모든 것을 종교가 결정했으며, 제도와 법도 신의 권위 안에서 성립했다.

종교가 인간의 모든 것을 결정하고 제도와 법도 좌지우지하던 시기에 윤리적 이론이나 실천이라고 다를 것이 없었다. 그러나 근대에 들어오면서 사람들은 이성의 중요성을 강조했다. 사물을 인식하고 지식을 얻는 일에는 감각적 경험이 필요하지만, 이성의 작용도 중요하다. 오히려 합리론자들은 경험보다 이성을 더 중요하게 생각한다. 그러다 보니 윤리적이거나 도덕적인 이론이나 실천을 위해서라도 이성을 적용한다.

도덕은 이론보다 실천이 중요하다. 실천한 것 혹은 행동한 것을 보고 우리는 도덕적인 옳고 그름을 판단한다. 이때 근대 철학자들은 윤리적 행동의 근거를 인간의 이성에서 찾는다. 이것을 우리는 이성 중심 윤리 사상이라고 한다. 인간에게는 이성과 감정이 있다고 한다. 우리는 일반적으로 이성을 좋은 것으로 보고, 감정을 그렇지 않은 것으로 본다. 사람은 이성으로 감정을 다스려야 한다고 늘 가르치고 배운다.

감정은 욕구나 욕망을 대표한다. 욕구나 욕망을 부정적으로 보기 때문에 이성으로 다스려야 한다고 말하는 것이다. 이런 생각에 따르면 사람은 늘 이성을 최대한 사용해 감정을 누르며 행동해야 한다.

이성 중심 윤리 사상을 주장한 네덜란드의 철학자가 바뤼흐 스피노자 (1632년~1677년)다. 스피노자는 어릴 때부터 유대교 성직자인 랍비가 되기 위해서 교육을 받았다. 모든 유대인은 한 가지 기술을 배워야 했는데, 스피노자도 예외는 아니었다. 그는 당시 네덜란드에서 발달한 광학 기술을 익혔다. 바로 망원경이나 현미경 등에 들어가는 렌즈를 깎는 일이었다.

유대인이 믿는 유대교는 유일신을 믿는다. 구약성경 중 첫 5경을 중요한 경전으로 생각하고 평생 따르려고 노력한다. 랍비가 되기를 바랐던 스피노자도 그랬다. 하지만 스피노자가 철학을 연구하면서 그의 삶은 완전히 바뀌었다. 자신이 소속된 유대인 단체로부터 추방당하고, 그때부터 혼자 저서를 집필하고 렌즈를 깎으면서 생계를 이어갔다.

스피노자는 어떤 생각을 했기에 자신이 소속된 단체에서 추방당했을까? 가장 먼저 행복에 관한 그의 생각을 들 수 있다. 윤리적 행동은 인간의 행복을 위한 것이다. 윤리적 이론을 이성적으로 판단하고 실천할 때, 사람이 바라는 것은 착하고 옳은 행동이며 그에 따르는 행복감이다. 종교에서 인간의 행복은 신이 주는 것이라고 한다. 유대교도 다르지 않았다.

인간의 이성으로 신이 지시하는 행동을 거스르거나 거절하면서 스스로 행복을 얻는다는 것이 종교에서 가능할까? 스피노자는 이성이야말로 사람이 살아가는 데 가장 좋은 것으로 본다. 이성을 완전하게 하는 것이 최고의 선인 행복이다. 이렇게 스피노자에게 행복은 신이 인간에게 주는 선물이 아니다. 오히려 인간이 잘 훈련한 이성을 갖고 윤리적 이론을 잘 실천할 때 행복이 찾아온다는 것이 스피노자의 생각이다.

두 번째로 우리가 살펴볼 수 있는 것은 생산하는 자연(능산적 자연)에 대한 그의 생각이다. 유대교를 비롯해 유일신을 믿는 모든 종교에서는 신이 세상의 모든 것을 창조했다는 창조설을 믿는다. 이성을 중심으로 세상을 파악하고자 했던 스피노자는 창조설에 의문을 제기한다. 신이 세상을 만든 것이 아니라고 본 것이다. 그는 신이 세상 전체이며, 세상 그 자체라고 말한다. 세상 전체라는 말은 다른 말로 표현하면 우리가 흔히 얘기하는 자연이다. 즉 스피노자에게 신은 세상 전체이고 자연 전체이며, 실체이기도 하다. 실체란 자연이나 세상을 존재하게 해준 어떤 것을 의미한다. 정리하자면 신은 이 세상의 내재적 원인이며 실체이고, 세상 그 자체다. 스피노자는 이를 능산적 자연이라 부른다.

자연과 세계는 어떻게 움직일까? 우리는 여기서 우주법칙과 자연법칙을 얘기한다. 자연법칙은 한 치의 오차도 없이 잘 움직일 때 사용하는 말이다. 결국 스피노자의 생각을 이성적으로 추리하면 세계는 누군가가 만들어놓은 거대한 기계처럼 한 치의 오차도 없이 잘 움직이고 있다는 의미다. 하지만 분명한 것은 신이 창조했다는 얘기하고는 다르다.

자연을 들여다보자. 수없이 많은 대상이나 사물이 있다. 스피노자는 모든 대상이 한 실체에서 생겨난 것이라고 말한다. 즉 자연의 모든 사물은 실체에서 생겨나 다양한 형태를 띠고 있다. 이를 양태라고 한다. 이렇게

스피노자에게 능산적 자연은 신이며 자연이며 실체다.

스피노자에게 신은 자연이며 실체이기 때문에 신이 존재하는 원인도 자연에서 찾는다. 자연은 원인과 결과의 인과율인 자연법칙에 따라 움직인다. 인간도 자연의 일부다. 그러므로 인간도 인과율에 따라 사람들 사이에서 영향을 주고받는다. 이런 인간관계에서 인간의 감정이 드러난다. 기쁨이나 행복 같은 좋은 감정도 있지만, 슬픔이나 불안 같은 나쁜 감정도 있다. 여기서 이성이 필요하다. 스피노자는 이성을 완전하게 잘 사용하면 나쁜 감정을 좋은 감정으로 바꿀 수 있다고 본다.

마지막으로 생각해 볼 것은 스피노자의 결정론적 세계관이다. 능산적 자연은 자연법칙에 따라 잘 움직인다. 자연의 움직임이 자연법칙이라면 사람의 도덕적 행동이나 윤리적인 실천을 위해 움직이는 것에도 어떤 법칙이 있을까? 분명한 점은 사람의 움직임이 자연의 움직임과는 다르다는 것이다.

어떤 사람의 행동을 놓고 누구는 운명이라고 하고, 또 다른 누구는 자유 선택이라고 한다. 운명이란 말은 종교적으로 보면 신이 모두 결정해 놓았다는 뜻이다. 자연의 대상은 잘 모르겠지만 사람은 살아가면서 순간순간 참 많은 것을 선택한다. 이때 우리는 운명이 아닌 자유의지라는 말을 사용한다. 순간순간 내가 이성적으로 판단하고 생각해 결정한다는 것이다. 이런 것을 자유의지에 의한 선택이라고 한다.

이마저도 운명이라고 생각하는 사람이 있다. 운명이란 관점에서 보면 순간순간 심각하게 고심해 내린 결정이 자유의지가 아니라, 이 또한 운명이다. 운명을 믿는 사람에게는 결코 자유의지로 하는 선택이 없다. 이 선택도 이미 어떤 누군가가 그렇게 행동하도록 운명적으로 만들어놓았다는 것이다. 바로 이런 생각이 스피노자의 결정론적 세계관이다. 이 세계에 존재하는 모든 대상과 사물은 이미 실체에서 양태로 생겨날 때 그렇게 살다가 그렇게 죽는다고 이미 결정돼 있다는 것이다.

이 정도의 생각이라면 당시 종교와는 생각이 전혀 다르다고 할 수 있다. 물론 스피노자는 유대 단체에서 추방된 다음에 자신의 철학을 완성했지만, 철학 공부를 시작했을 때 이미 스피노자는 이성만이 모든 지식을 얻을 수 있다고 생각했다. 그래서 당시 네덜란드에선 스피노자를 무신론자로 몰았고 그의 저서들은 무신론에 관한 저서라고 주장됐다. 그 결과 스피노자의 저서 중 한 권만 제외하고 모든 책이 그가 죽고 난 다음 출판됐다.

유일신이며 창조자라는 인격적인 신을 거부하고 자연 자체를 신으로 이해한 스피노자. 자신의 연구를 위해 하이델베르크대학교 교수라는 지위까지 포기한 스피노자. 결정론적 세계관이나 능산적 자연에 관한 이론. 이 모든 것을 볼 때 과연 그는 무신론자였을까?

16장

올바른 개인의
모습이란?

사회철학

마음을 읽고픈
심리철학

사람의 몸은 정신과 육체로 이루어져 있다고 한다. 정신은 일반적으로 인간의 감각적 경험으로 알 수 없지만, 육체는 반대다. 우리 모두 이러한 사실을 인정한다. 그런데 정신이 육체에 의존하는지 아니면 육체가 정신에 의존하는지는 서로 다른 생각을 하고 있다. 고대 그리스 시대부터 철학자마다 서로 다른 생각을 했다.

분명한 것은 정신과 육체가 어떤 원인과 결과 관계인 인과관계에 있다는 점이다. 감각적으로 경험할 수 없는 정신과 경험이 가능한 육체가 인과관계에 있다는 것은 정말 이해할 수 없을 때도 있다. 예를 들어서 밥을 먹고 싶다는 생각(정신) 때문에 우리는 식사를 한다. 이뿐만 아니라 정신은 많은 것을 기억하고 있다. 그 기억 때문에 우리는 웃고 울며 안타까워하기도 한다. 정신이 언젠가 경험한 것을 기억하고 있다가 때가 되면 육체가 행동으로 옮기는 것이다.

이렇게 마음이나 정신 상태, 의식 혹은 기능 같은 것이 물리적인 육체와 어떤 관계에 있는지를 연구하는 것이 바로 철학의 한 분야인 심리철학, 정신철학 혹은 마음철학(philosophy of mind)이다. 심리철학은 실질적으로 육체와 영혼의 문제에서 시작됐다. 오늘날은 육체와 정신의 문제로 다루고 있다. 마음, 의식 혹은 영혼과 같은 것은 정신 상태를 의미한다. 몸이나 육체와 같은 것은 물리적 상태를 뜻한다.

이를 바탕으로 심리철학에서는 다음과 같은 질문을 꾸준히 던지고 있다. 육체와 정신, 이 두 상태가 어떤 인과관계에 있는지 아니면 없는지, 둘 사이에는 정말 밀접한 관계가 있는지 아닌지를 묻는다. 더 나아가 정신과 육체가 하나인가 아니면 둘인가에 대한 물음도 꾸준히 제기돼 왔다.

이 같은 심리철학의 물음은 플라톤에서 시작됐다. 플라톤은 이원론자다. 이원론이란 몸과 마음이 둘이라는 의미다. 플라톤은 육체적인 것과 정신적인 것을 나누어 각각 다르게 설명한다. 몸속에 영혼이 있을까 아니면 없을까를 묻기도 했다. 이뿐만 아니라 플라톤은 사람이 죽으면 영혼이 사람의 몸에서 빠져나가 다른 세계로 간다고도 했다. 즉 영혼의 이동에 관한 주장도 플라톤 철학에서 찾아볼 수 있다. 이런 플라톤의 주장에서 우리는 정신과 육체는 둘이라고 말해도 전혀 틀리지 않을 것이다.

그리스도교의 영향을 받은 중세 스콜라철학에서는 육체와 정신의 구별이 당연히 철학의 기본 전제가 됐다. 육체는 물질적인 것으로 보고, 정신은 비물질적인 것으로 구별한다. 이런 스콜라철학을 우리가 쉽사리 부정하지는 못한다. 우리는 일반적으로 보이지 않는 정신과 감각적인 육체를 분명히 구별하기 때문이다. 이런 관점에서 플라톤에서 시작된 이원론은 그리스도교 중심의 스콜라철학뿐 아니라 심리철학에 많은 영향을 줄 수밖에 없었다.

근대에 들어오면서 데카르트는 심리철학의 문제를 더 복잡하게 만든다. 데카르트는 이원론적인 사고방식을 앞세워 조금이라도 의심스러운 육체적인 경험을 모두 회의의 대상으로 삼는다. 그리고 그렇게 회의하는 생각만은 존재한다고 철저하게 주장한다. 데카르트는 정신이 존재함을 상상하는 것이 전혀 어렵지 않다고 한다. 이뿐만 아니라 그것이 상상이 아니라고 해도 정신은 원칙적으로 존재한다고 한다. 이렇게 영혼 혹은 정신이 존재한다면 당연히 육체와는 별개로 존재할 수밖에 없다.

정신과 육체가 평행선을 이룬다고 주장한 철학자도 있다. 독일의 철학자 라이프니츠가 대표적이다. 라이프니츠는 단자론을 펼치면서 세상에 존재하는 모든 존재물이 그렇게 존재하게끔 예정돼 있고, 그것에 따라 존재한다는 예정조화설을 주장한다. 예정조화설에 따르면 정신적인 영역과 물질적인 영역이 조화 또는 평행을 이룬다.

신이 이 세상을 완벽하게 창조했다고 가정해 보자. 정신이나 영혼과 함께 물질은 평행을 유지하면서 존재할 수밖에 없다는 것이 라이프니츠의 주장이다. 물론 정신과 육체가 서로에게 영향을 주느냐 주지 않느냐 하는 문제인 인과론과 라이프니츠의 예정조화설이 크게 다르지 않다고 본다면 정신과 육체에 관한 그의 평행이론도 쉽게 이해할 수 있다.

이원론이 있다면 일원론도 있다. 주로 다음과 같이 주장한다. 일원론자의 관점에서 볼 때 육체와 정신은 따로 존재하지 않는다. 그렇기에 일원론에는 육체적 일원론과 정신적 일원론이 있다. 일반적으로 정신만 존재하는 것은 불가능하기에 육체가 없는 정신적 일원론보다 물질적 일원론을 주장하는 철학자가 더 많다. 일원론자도 정신과 육체가 각각 존재한다고 인정한다. 그래서 둘의 구별이 먼저 이루어진다.

플라톤의 이원론은 스콜라철학과 데카르트 철학에서는 크게 달라지지 않았다. 다만 현대에 들어오면서 많은 차이를 보인다. 의학과 과학의 발달로 뇌 연구가 진행되면서 나타난 현상 중 하나다. 즉 마음과 물질의 상호작용이다. 비록 정신과 육체가 서로 다르지만, 상호작용을 한다는 것이다. 상호작용을 하는 가장 큰 이유는 정신과 육체 사이에 뇌가 있다는 사실 때문이다.

지금까지 이원론을 주장한 철학자도 뇌에 관해서 생각하지 않은 것은 아니다. 그러나 의학적으로 증명할 수 없었기 때문에 설명을 할 수 없었다. 의학과 과학이 발달하면서 뇌의 기능이나 활동에 대해 더욱 구체적으로 밝혀지자 상호작용에 관한 주장이 그 타당성을 인정받게 됐다.

육체에 어떤 외적인 자극이 가해지면 즐거운 감각이든 고통스러운 감각이든 뇌에 신호가 간다. 그렇게 뇌에 신호가 가면 뇌는 정신적인 작용을 다시 육체에 전달한다. 그렇다면 비물질적인 정신이 존재하는 공간이 뇌 어디엔가 있어야 한다는 결론이 나온다. 즉 뇌가 정신이 활동하는 공간이라는 것이다. 배고픔이 뇌에 자리하고 있는 정신에게 전달되고, 정신은 육체에게 밥을 먹고 싶다는 신호를 보낸다. 그럼 우리는 밥을 먹게 되는 것이다. 게다가 과거의 많은 기억도 뇌에 자리한 정신의 공간에 저장돼 있다가 비슷한 상황이 나타나면 눈물을 흘리거나 아프다는 육체적인 신호를 보낸다.

바로 여기서 우리는 이원론이 주장하는 상호작용의 장점을 한 가지 알 수 있다. 바로 소통이다. 정신은 주로 자기 자신을 경험한다. 그리고 정신의 명령을 받은 감각적 경험은 몸짓이나 말을 통해 서로 의사소통을 할 수 있다. 우리는 살아가면서 겪는 일반적인 경험으로도 이런 사실을 충분히 알 수 있다. 이것이 상호작용의 이점이라는 것을 잘 모르는 경우가 많지만 말이다.

정신과 육체 혹은 마음과 신체는 과연 어떤 관계를 하고 있을까? 인과관계를 이루면서 서로에게 영향을 주고 있을까? 아니면 서로 다르게 움직이는 하나의 물질일까? 고대 그리스에서 시작된 이원론과 일원론의 주장은 더 크고 복잡한 심리철학의 문제로 발전했다. 다행스럽게 오늘날 심리철학자들은 발달한 과학을 바탕으로 정신의 공간이라는 것을 찾아냈다. 더 나아가 현대철학에서는 언어나 몸짓과 같은 행동을 통해 서로 소통할 수 있다는 사실도 이해했다. 이렇게 현대 언어철학은 심리철학에 많은 도움을 주었다.

고대 그리스 이후 많은 사람이 마음을 읽고자 한다. 특히 남의 마음을 더 읽고 싶어 한다. 마음을 읽고 싶은 간절한 마음. 오늘날 심리철학에 많은 관심을 가질 수밖에 없는 이유다. 의학과 과학이 더 발달하면 영화나 소설에 나오듯 내 마음뿐 아니라 다른 사람의 마음을 읽을 날이 올지 누가 알겠는가!

감시와 처벌을 거부한
푸코

대부분 국가에서는 정부에 불만을 품은 시민들이 시위나 데모를 하면서 자신들에게 필요한 것을 얻어낸다. 대학생도 마찬가지다. 1968년 파리 낭테르대학교에서 조그마한 소동이 있었다. 학생들이 학교 당국에 자신들의 문제를 시정해 달라고 요구했지만, 학교는 들어주지 않았다. 이는 소르본대학교 학생이 가세하고 노동자가 가담하면서 프랑스 68운동이라는 큰 사건으로 번졌다.

이때 프랑스의 지성인 대부분이 68운동에 참여해 보수적인 사고를 하던 정부에 대항했다. 이 학생운동은 유럽을 넘어 남아프리카까지 영향을 주었다. 비록 이 운동은 실패로 끝났지만, 프랑스 정부는 많은 것을 바꾸고 새로운 변혁을 꾀했다.

프랑스 68운동이 한창일 때, 학생운동에 참여하지 않아 훗날 따가운 시선을 받아야 했던 프랑스 철학자가 바로 미셸 푸코(1926년~1984년)다. 푸코는 다양한 학문 분야를 연구한 철학자로 프랑스를 대표하는 지성인이다. 오늘날과 다르게 푸코 시절에는 프랑스에도 소위 말하는 일류 대학교가 있었다. 당시 프랑스 지성인이라면 응당 고등 사범학교를 졸업했다.(68

운동 이후 진행된 일반 대학의 평준화와 무관하게 지금도 엘리트 교육 기관으로 남아 있다. 평준화 정책도 2018년에 변화가 있었다.) 어릴 때부터 역사를 좋아한 푸코지만 이 대학교에 입학하기 위해 과외를 받고 전학을 해야 했다. 대학교를 졸업한 푸코는 프랑스 문화원 원장이 돼 여러 나라를 다니며 역사 연구에 빠진다. 프랑스 68운동이 한창이던 시절 그는 튀니스에서 근무하며 연구에 몰두했다. 이런 그에게 프랑스 68운동이 그렇게 중요하지 않았을 수도 있다.

푸코는 이후 파리로 돌아와 자신의 철학을 발표한다. 역사를 좋아했던 푸코는 사상의 역사적 배경을 철학에 많이 담았다. 특히 푸코는 국가가 개인의 자유를 침해하는 일을 굉장히 싫어했다. 국가가 개인의 자유를 침해하거나 감시하고, 고문이나 처벌을 하면 신랄하게 비판했다.

물론 국가가 처벌 대상으로 삼은 사람은 죄를 지은 사람이다. 죄를 지은 사람이 벌을 받는 것은 당연하다고 생각하지만, 푸코의 생각은 다르다. 오늘날과 달리 옛날에는 죄의 무게에 따라 처벌 방법이 달랐다. 일반적으로 무거운 죄를 지은 사람은 공개적으로 처형하는 경우가 많다. 공개 처형의 경우 대부분 잔인하다. 푸코는 그 이유를 묻는다. 왜 공개 처형을 할까? 그가 찾은 답은 이렇다. 공개 처형은 죄를 지은 사람보다 죄를 짓지 않은 사람에게 경고하기 위해서라는 것이다. 즉 죄를 지으면 이런 일이 벌어지니 죄를 짓지 말라는 경고다.

물론 오늘날은 그때와 많이 달라졌다. 하지만 푸코가 보기에는 그렇지 않다. 죄목이 다르지만, 죄를 짓고 수용된 사람의 일과는 같다는 것이다. 이들은 같은 옷을 입고, 같은 시각에 일어나고 밥 먹고 일하고 잔다. 즉 감시가 시작된 것이다.

푸코는 감시의 시작을 군대로 본다. 군인은 누가 봐도 군인처럼 보여야 한다. 이것이 군인의 특징이다. 그런데 18세기 유럽은 전쟁이 잦았고 군인이 부족해지자 일반 백성도 군인으로 징집돼 전쟁터로 나갔다. 문제는 이들의 신체적 특징이다. 이들 백성도 최소한 군인처럼 배를 넣고 어깨를 펴는 등 군인의 특징적 외모를 갖추어야 한다.

푸코는 이 과정에서 국가 권력이 작용했고, 일반 백성은 국가 권력에 적응했다고 본다. 군인다운 신체를 만들기 위해 일반 백성은 어깨를 펴고 배를 집어넣는 훈련을 계속 받아야 했다. 이렇게 신체는 자신도 모르는 사이에 군인의 신체로 바뀌면서 권력에 적응하는 것이다.

국가가 권력을 동원해서 일반 백성의 신체를 군인의 신체로 바꾸는 과정을 푸코는 감시라고 한다. 그렇다. 일반 백성을 향한 국가의 감시는 군대에서 가장 먼저 생겨난 것이다. 이후 수도원의 신부와 수사가 그 뒤를 잇는다. 그들도 같은 옷을 입고 정해진 시간에 정해진 일을 한다.

그다음은 우리가 잘 아는 것처럼 학교와 공장으로 감시가 이어진다. 같은 옷을 입은 학생은 정해진 시각에 공부하고 휴식을 취한다. 어떤 누구에게도 예외는 없다. 공장에서 일하는 노동자도 마찬가지다. 능률을 높인다는 이유로 같은 옷을 입고 쉼 없이 같은 일만 반복한다.

국가가 권력을 동원해 감시를 잘하기 위해 가장 먼저 한 것은 공간을 나눈 것이다. 이 공간의 특징은 학교, 공장, 군대 등과 같이 폐쇄적이다. 이 공간은 자유가 보장된 것처럼 보이지만 실질적으로는 철저하게 폐쇄돼 있다. 그 이유는 감시를 잘하기 위해서다. 교실을 예로 들어보자. 선생님이 학생들에게 앉는 자리를 배치해 준다. 선생님은 한번 쓱 보면 누가 결석했는지 금방 알 수 있다. 이것보다 더 편안한 감시가 어디 있겠는가. 군대나 공장은 두말할 것 없다.

죄인을 처벌하는 것은 벌에 대한 보복보다 다른 사람에게 보여주기 위한 것이라고 했다. 처벌 행위가 보는 사람에게 구경거리가 될 수도 있다. 그러나 푸코는 이를 고통이라고 한다. 이런 고통은 처벌을 받는 사람이나 구경하는 사람이나 모두에게 주어지는 형벌이다. 국가를 대표하는 사법권을 가진 사람은 처벌을 받으며 고통스러워하는 죄인이나 구경꾼을 바라보면 어떤 생각을 할까? 푸코는 이들이야말로 자신의 권력과 힘을 확인하는 자라고 한다. 이 고통을 통해서 국가는 자신의 권력과 힘을 모든 사람에게 보여준다. 물론 17세기부터 있었던 이런 일은 인간성 존중 혹은 인권이란 이름으로 지금 모두 사라지고 없다. 바로 여기서 푸코는 처벌에 관해 말하면서 인간성 존중을 강조하고 있다. 누군가를 처벌하는 일은 국가 권력에 의해 이루어진다. 국가는 사법권에 처벌할 권리를 준다. 이때부터 사법권을 가진 사람은 국가 대신 권력을 갖고 처벌을 한다.

인간성 존중을 강조한 푸코는 여기서 다시 묻는다. 같은 죄를 지은 사람에게 항상 같은 법이 적용되는 것은 아니다. 정신병적 이력, 당시 상황, 뉘우침의 정도 등에 따라 다르게 처벌한다. 더 나아가 국가는 필요에 따라서 자신들이 가진 권력을 총동원해 더 강한 처벌을 요구하기도 한다. 여기

서 무슨 인간성 존중이 있을까?

푸코는 인간성 존중을 위해 우선 형벌을 완화하자고 요구한다. 그리고 법률을 정확하고 분명하게 해석해야 한다고 주장한다. 특히 법관마다 자의적으로 해석하는 경우가 없어야 한다. 이러한 사법개혁이 일어난다면 인간성 존중을 바탕으로 한 처벌이 가능하다고 푸코는 본다.

감시와 처벌의 정체는 국가 권력과 힘이다. 국가는 자신의 권력과 힘을 이용해 감시와 처벌이라는 이름으로 백성의 인권을 빼앗는다. 물론 국가는 사회 안전을 위해서 죄를 묻고 감시나 처벌을 할 수 있다. 그러나 인간성 존중을 가장 먼저 생각하고 정확하게 법을 적용해야 한다. 여기서 국가 권력이나 힘이 절대로 나타나서는 안 되고 나타내도 안 된다.

프랑스 68운동 이후 파리로 돌아온 푸코는 그동안 못한 일이라도 하듯이 어떤 프랑스 지성인보다 더 많은 활동을 했다. 특히 그의 사회 활동에 반한 대학생들은 그의 강의실로 모여 진보를 바탕으로 한 자유에 대한 그의 강의를 들었다. 너무 일찍 죽었지만, 그가 뿌린 프랑스의 자유는 여전히 그를 향해 찬사를 보내고 있다.

오늘 우리는 몇 번이나 스마트폰을 사용했으며, 얼마나 많은 길을 걸었을까? 그사이 우리는 얼마나 많이 노출됐을까? 길거리는 스마트폰과 CCTV, 블랙박스로 가득 차 있다. 이 모든 것이 개인의 안전한 자유를 위해 있다고 설명하지, 국가 권력에 의한 다양한 감시 방법이나 장치라고 생각하지 않는다. 국가 권력으로 인한 감시와 처벌을 거부한 푸코가 이런 광경을 보면 어떤 생각을 할까? 과연 여기에 인간성 존중이 있을까?

생각 없이 살지 말자는
한나 아렌트

이스라엘 지역에 흩어져 살던 유대인들은 13세기 이후 여러 가지 이유로 세계 여러 나라로 들어가 살았다. 그중 많은 유대인이 유럽에서 살고 있었다. 유대인이란 단어와 함께 사람들 입에 오르내리는 말이 히틀러와 홀로코스트다. 히틀러는 제2차 세계대전 당시 자신이 점령한 나라나 자신에게 동조하는 국가에서 유대인 약 육백만을 포함해 여러 민족의 사람들을 처형했다. 이 사건을 우리는 홀로코스트라 한다.

홀로코스트를 총지휘했던 사람은 나치 친위대의 아이히만이다. 아이히만은 예루살렘 전범재판소에서 재판을 받았다. 그가 재판을 받는 동안 그 내용을 하나도 빠트리지 않고 취재해 책으로 발표한 철학자가 바로 한나 아렌트(1906년~1975년)다.

독일에서 태어난 아렌트는 어릴 때 자신이 유대인이라는 사실을 모르고 자란다. 다섯 살 때 아버지가 병을 얻어 고향인 쾨니히스베르크로 이사한 후에야 알게 된다. 독일에서 실존철학을 전공한 아렌트는 시온주의에 가담했다는 이유로 체포돼 수용됐다가 탈출한다. 시온주의란 팔레스타인에 유대인 국가를 건설하겠다는 민족운동을 말한다. 이후 아렌트는 미국으로 망명해 생활하다가 아이히만 재판을 방청한다.

천백만 명이 넘는 사람을 죽음으로 이끌고 간 사람의 모습은 어떨까? 여기서 아렌트는 놀란다. 아이히만을 처음 본 순간 너무나 평범하게 생긴 그의 모습을 보고 놀란 것이다. 상상할 수 없을 만큼 잔인한 행동을 한 사람이라면 괴물이나 이상하게 생긴 사람이라고 우리는 생각할 수 있다. 하지만 아이히만은 그렇지 않았다.

다음으로 아렌트가 놀란 것은 그의 답변 때문이다. 아이히만은 스스로 무죄라고 주장했다. 아이히만은 나치 정권 아래서 국가가 자신에게 명령한 공식적인 일을 했다고 주장했다. 공직자가 자신에게 주어진 일을 최선을 다해서 행하는 것이 무엇이 잘못이냐는 것이다. 그는 이렇게 자신에게 주어진 의무를 다했다고 말했다. 더 나아가 자신에게 주어진 의무를 성공적으로 마치면 훈장을 받을 것이고, 그렇지 못하면 교수대로 가는 것이 전쟁 중 공직자에게 주어진 운명이라고 말했다.

아이히만은 자신에게 주어진 일을 성실하게 잘 수행했는데 훈장을 못 줄망정 재판을 할 수 있느냐며 반박했다. 이 얘기를 들은 아렌트는 생각하지 않는 무능한 광대라는 말을 한다. 아이히만이 성실하게 수행한 의무는 천백만 명 이상을 죽인 홀로코스트 사건이다. 엄청나게 많은 사람을 죽인 사람이 주어진 의무니 성실한 임무 수행이니 훈장이니 하는 말을 하는 것은 생각이 없기 때문이라는 것이 아렌트의 주장이다. 만약 조금이라도 생각을 한다면 결코 이런 말을 하지 않았을 것이다.

실제로 이스라엘 법정은 아이히만을 정신병자 혹은 괴물로 만들려고 했다. 그의 악행을 낱낱이 밝혀 그의 일이 얼마나 잔인하고, 있어서는 안 되는 일인지 알리려 한 것이다. 재판 전 이스라엘 법정은 아이히만에게 정신감정을 받게 했다. 그 결과 너무나 정상적인 사람으로 판명됐다. 정신착란 때문에 홀로코스트를 저지른 것이 아니라 너무나 정상적인 정신 상태에서 그 일을 한 것이다. 게다가 주어진 의무를 수행했다는 아이히만의 말을 듣고 있자면, 그가 괴물이 아니라 그냥 생각하지 않는 광대에 불과하다는 생각이 들 정도다.

이렇게 아렌트 눈에 비친 아이히만은 괴물도 비정상적인 사람도 아닌, 그냥 아무 생각 없이 주어진 각본대로 읽고 웃고 우는 광대에 불과했다. 아렌트는 이를 생각에 무능한 사람이라고 표현한다. 사람은 생각하는 능력이 있다. 하지만 생각할 능력이 없는 사람은 남의 말이나 지시에 무조건 따른다. 아이히만이 그랬다.

아이히만의 이런 변명에도 불구하고 이스라엘 재판부는 그에게 수백만의 유대인을 죽인 죄를 물어 사형을 선고한다. 국가의 공적인 일을 수행하다 보면 누구에게나 일어날 수 있는 일이라는 변론이 이어졌다. 누구에게나 일어날 수 있는 일이 아이히만에게 일어났고, 아이히만은 단지 희생양에 불과하다는 것이 변론의 요지였다.

희생양이라는 표현을 아이히만은 다르게 표현했다. 희생양을 처벌하는 것은 큰 의미가 없다. 진정한 의미를 찾으려면 희생양에게 명령을 내린 나치의 지도자를 처벌해야 한다. 아이히만은 자신이 괴물이 아니라고 주장했다. 단지 괴물로 만들어지고 길들여졌을 뿐이라는 것이다. 지도자가 자신을 그렇게 만들었고, 그런 행동을 할 수밖에 없었다고 말이다. 명령을 시행하는 동안 스스로 고통을 받았다는 것이 아이히만의 주장이다.

재판을 통해 드러난 사실은 아이히만의 주장과 조금 달랐다. 아이히만은 상관의 명령을 받고 행동한 것이 아니다. 모든 것을 스스로 계획하고 행동했다. 아이히만 자신이 상관이었으며 자신이 행한 모든 행동의 명령은 스스로 내린 것이다. 아이히만의 권력은 어떤 나치 지도자보다 더 대단했다.

아렌트는 생각에 무능하고 권력에 길들어진 광대를 보면서 마지막으로 악의 평범함을 주장한다. 아이히만은 사형이 집행되기 전에 목사의 기도도, 얼굴을 가리는 일도 거절하고 형장으로 조용히 걸어갔다. 그는 조용했지만 아주 당당했다. 신을 믿지만, 그리스도교인이 아니라고 주장했다. 나치스는 그리스도교를 인정하지 않았다. 아이히만도 마찬가지인 것 같다. 그리스도교를 인정하지 않은 그는 그리스도교의 중요 교리 중 하나인 사후세계도 인정하지 않았다. 그는 사후의 삶이나 생활은 절대로 믿지 않았지만 또 만날지도 모른다는 말을 남겼다.

아렌트는 바로 이런 아이히만의 태도에 관심을 보였다. 아이히만은 자신이 속한 나치스에서 사람이 강하다고 믿었던 것 같다. 그러나 그는 전혀 강하지 않았다. 아이히만은 마지막으로 자신의 조국 독일과 자신을 숨겨준 아르헨티나 그리고 히틀러의 조국 오스트리아를 위해 만세를 외쳤다. 자신은 그들을 절대 잊지 않겠다고 말했다. 아렌트는 마지막으로 아이히만이 남긴 말을 통해 인간이 얼마나 약한지를 얘기한다.

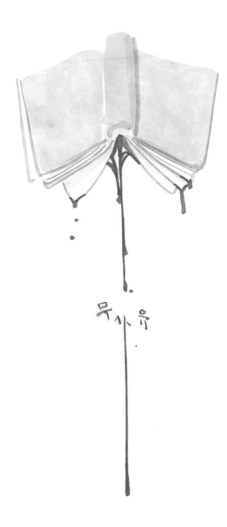

무사유

이토록 약한 인간이 홀로코스트라는 무섭고 잔인한 일을 총괄 지휘했다. 바로 여기서 아렌트는 악의 평범함을 찾는다. 즉 악은 정말로 괴물이 아니라 평범한 모습에 숨어 있다. 악의 평범함은 우리 모두에게 아주 두려운 교훈을 안겨준다. 아이히만은 스스로 주장하길 자신이 공직자로서 주어진 임무를 성실히 수행했다고 한다. 아이히만의 주장에서 우리는 신념이라는 단어를 생각해 본다. 신념이 없는 임무 수행과 신념을 갖고 하는 임무 수행은 다르다.

아렌트는 왜곡된 신념이란 말을 꺼낸다. 왜곡된 신념은 비판적인 생각을 하지 못하게 한다. 비판적 생각을 하지 못하는 사람은 결국 남의 말을 그대로 따라 한다. 이런 무비판적인 행동이 개인뿐 아니라 국가와 사회에 얼마나 무서운 결과를 가져다주는지 아이히만을 통해 알 수 있다.

아렌트는 아이히만 재판의 취재를 모두 마친 다음 언론에 발표한다. 마지막 리포트가 나가자 미국은 아주 시끄러웠다. 특히 유대인 사회를 중심으로 아렌트에게 엄청난 공격을 가했다. 괴물이나 정신병자가 아니라 만들어진 광대, 악의 평범함 같은 말을 하는 아렌트의 주장을 유대인 사회에서는 가만히 지켜보고만 있지 않았다.

아이히만은 자신이 저지른 일에 대해서 너무나 잘 알고 있었지만, 자신이 그 자리에서 무엇을 하고 있는지 전혀 알지 못했다. 그가 나치 전범 중 한 명이 된 것은 어리석음이 아니라 사유의 무능함 혹은 무사유가 빚어낸 결과물이라는 것이 아렌트의 생각이다.

17장

인간은 진정
자유로울 수 있을까?

실존주의

신이 없어 자유롭다는 레지스탕스, 사르트르

인간의 본질은 무엇일까? 예를 들어서 의자의 본질은 앉는 것이고, 연필의 본질은 쓰는 것이다. 19세기 후반부터 유럽에서는 이런 본질을 사람의 이성에서 찾기 시작한 철학자가 생겨났다. 가장 대표적인 것은 실존주의다. 실존은 현실존재의 준말이다. 현실존재는 지금 현재 여기 있는 나라는 구체적인 개인을 뜻한다. 따라서 실존주의는 개인의 주체성을 중요하게 생각한다.

실존주의는 19세기 이후 생겼지만 보다 앞선 철학자에서 그 기원을 찾는 경우도 있다. 17세기 프랑스에서 활동한 파스칼이다. 파스칼은 사람을 '생각하는 갈대'라고 정의한다. 갈대는 조그마한 외부의 충격이나 바람에 휘날릴 정도로 약하다. 사람도 마찬가지다. 하지만 사람은 생각을 한다. 약한 존재로서 개인의 주체성을 얘기한 파스칼의 생각 속에는 당연히 실존적인 사고가 있다.

바로 이 파스칼이 신의 문제를 논의한다. 그는 수학자답게 신이 있어서 좋은 점을 계산한다. 살아서 신을 믿는다면 죽은 다음 신이 없어도 손해 볼 것이 없다. 만약 신이 있다면 엄청난 이익을 본다. 반대로 신을 믿지 않고 죽은 사람은 신이 있으면 큰 손해를 볼 수 있다. 신이 있다면 당연히 손해 볼 것은 없다. 그래서 신을 믿는 것이 믿지 않는 것보다 좋다고 파스칼은 주장한다.

신이 없어서 오히려 자유롭다는 철학자도 있다. 프랑스의 실존주의 철학자 장 폴 사르트르(1905년~1980년)다. 바로 이 사르트르가 실존주의 철학자를 신을 믿는 사람과 믿지 않는 사람으로 나누었다. 키르케고르와 야스퍼스를 유신론적 실존주의 철학자로, 니체를 비롯해 하이데거와 자신을 무신론적 철학자로 분류했다.

사르트르는 자신이 무신론자인 이유를 자유에서 찾는다. 왜 신이 없어서 자유로운지 그의 생각을 한번 살펴보자. 사르트르는 제2차 세계대전 때 군인으로 소집됐다. 전쟁에 참여한 사르트르는 독일군에 포로로 잡힌다. 수용소에서 나온 사르트르는 대독 저항운동 단체인 레지스탕스를 친구와 함께 조직하고 활동한다. 레지스탕스의 활동에 대해서 우리는 너무나 잘 안다. 언제 독일군에게 발각되고 어떻게 될지 한 치 앞을 알 수 없는 상황에서 그들은 저항한다.

이렇게 사선을 넘나드는 저항운동을 하는 사람은 오히려 신을 믿어야 할 것 같다. 놀랍게도 사르트르는 그렇지 않았다. 그는 파스칼과 다르게 신이 없어서 자유로운 이유를 설명한다.

신을 믿는 사람은 신이 있다는 것을 믿는다. 그런 사람은 신의 뜻에 따라 살아야 한다. 신의 뜻에 따른 삶은 전혀 자유롭지 않다. 그러므로 신이 있는 한 사람은 자유롭지 못하다. 하지만 사람은 어떻게 살고 있는가?

자유롭게 살고 있다. 이런 이유로 사르트르는 신이 없다고 주장한다.

신이 없기 때문에 사람이 자유롭다는 사르트르의 삶은 자유 그 자체였다. 전쟁이 끝나고 사르트르는 공산주의 사상에 심취한다. 하지만 공산주의가 국가나 개인의 자유를 침범하는 것에 대해서는 참지 못했다. 특히 구소련이 헝가리의 자유 운동을 탄압했을 때 사르트르는 누구보다 격렬하게 데모하며 비판을 아끼지 않았다. 이후 그에게는 '행동하는 철학자'라는 새로운 수식어가 붙었다.

행동하는 철학자 사르트르는 왜 신이 없다는 결론을 내렸을까? 사르트르가 말하는 인간의 본질에서 그 답을 찾아보자. 우리는 경험이 먼저인가 아니면 인식이 먼저인가 하는 문제로 오래전부터 논쟁을 해왔다. 예를 들어서 원시 시대에 농부가 일을 하다 잠시 쉰다고 가정하자. 이 농부가 돌 위에 앉아보고 땅바닥에 그냥 앉아보기도 하다가 돌 위에 앉는 것이 편하다고 느꼈을까? 아니면 돌과 같은 높은 곳에 앉으면 낮은 땅바닥에 앉는 것보다 편하다고 생각하고 돌 위에 앉았을까? 사람마다 답은 다를 수 있다. 어떻게 했든 사람이 앉으면 편안한 의자가 개발됐다.

의자의 본질은 앉는 것이다. 그리고 의자를 만드는 목수는 앉는 것을 목적으로 생각하고 의자를 만든다. 연필도 마찬가지다. 이렇게 사물은 그것을 만드는 사람이 그 사물의 본질이나 목적을 먼저 생각하고 만든다. 어떤 의자가 편할까가 아니라 어떻게 만들면 편할까를 생각하고 만든다. 사르트르는 이것을 이렇게 표현한다. 의자의 경우 편안하게 앉는다는 본질과 목적이 먼저 존재한다.

인간은 어떤가? 사물의 경우 본질과 목적을 정해줄 사람이 있다. 그러나 신이 없기 때문에 사람의 본질을 먼저 정해줄 수는 없다. 사물과 다르게 사람의 본질과 목적은 존재하지 않는다. 사르트르는 사람이 '세계 안에 던져진 존재'라고 말한다. 인간은 본질이나 목적이 누군가, 즉 신에 의해서 계획된 것도 아니고 창조된 것도 아니다. 이 말은 사람이 사물과 다르게 먼저 존재해 실존한 다음, 스스로 목적을 만들어나가는 존재라는 의미다.

바로 이런 관점에서 사르트르는 "실존은 본질에 앞선다."라는 주장을 한다. 세계 안에 던져지고 먼저 실존한다. 그다음에 본질을 찾는 것이 인간이다. 그렇다면 인간은 자신에게 주어진 자유를 마음껏 활용해 다른 사람에게 의존하지 않고 주체적으로 살아가야 한다. 물론 인간의 삶에는 책임도 있다. 사르트르는 주체적인 삶을 사는 사람이 당연히 책임도 져야 한다고 주장한다.

사물은 목적과 본질에 따라 만들어진다. 그러나 인간은 그렇지 않다. 사람은 먼저 실존적으로 존재하고 그다음 본질과 목적을 추구한다. 그러므로 실존주의자들은 인간에게 일반적인 본질이나 목적이 없다고 한다. 즉 개성에 따라 사는 것이 실존적 인간의 본성이다.

신이 인간을 창조했다는 말이 나올 때마다 인간의 본질도 신의 뜻에 따라 모두 결정돼 있다는 운명론이 함께 나온다. 여기에 인간의 개성은 존재하지 않으며 주체적인 삶도 없다. 이와 다르게 실존적 삶은 다른 사람에 의해서 만들어진 삶을 사는 것이 아니라 자신이 삶을 개척하면서 살아간

다는 특징이 있다.

　포로수용소 생활을 하고, 레지스탕스로서 살아온 사르트르의 삶을 한 번 돌아보자. 공포와 절망 외에 다른 것은 생각할 수 없다. 신이 과연 이런 공포와 절망에 도움이 되는 존재일까? 사르트르는 여기서 자유만 생각한 것 같다. 사르트르에게 자유는 신의 존재 유무와 관계없이 현실적이며 절박한 문제였을 것이다.

　이런 절망과 공포에서 벗어난 사르트르는 자신의 철학을 앙가주망 (engagement), 즉 현실 참여에서 찾는다. 행동하는 철학자이며 자유의 철학자인 사르트르는 인간의 본질을 자유에서 찾았다. 즉 인간의 본질은 자유다. 인간은 자유롭게 만들어진 것이 아니라 살아가면서 자유라는 본질을 찾아간다.

　실존주의는 개인의 주체성을 강조하고 개인의 개성을 중요하게 생각한다. 여기서 자유를 더해보자. 모든 사람은 자기의 자유를 주장한다. 그러다 보면 사회에서 지켜야 할 도덕은 어디에도 존재하지 않는다. 결국 사람들은 국가를 유지하기 위해서 자신의 자유를 조금 양보해야 한다. 문제는 국가가 강제로 개인의 자유를 박탈하는 것이다.

　사르트르는 그것을 참지 못했다. 개인이든 국가든 자유를 탄압하는 일은 더 지켜보지 못하고 격렬하게 대항했다. 이런 그에게 자유를 위해 행동하는 철학자라는 수식어는 결코 과한 것이 아니다.

신이 있어 자유로운
야스퍼스

실존주의 철학자의 특징은 자신이 경험한 불안, 죽음, 공포와 같은 것을 중심으로 자신의 이론을 설명한다는 것이다. 이런 경험은 개인의 힘이나 노력으로 해결할 수 없는 경우도 있다. 그래서 누군가는 종교적인 힘이나 믿음으로 해결하고자 한다. 또 어떤 사람은 신이 아닌 자신의 의지나 자유를 통해 해결하고자 한다. 이런 이유로 사르트르는 유신론적 실존주의와 무신론적 실존주의를 구별한 것이다.

독일의 카를 야스퍼스(1883년~1969년)는 유신론적 실존주의 철학자다. 야스퍼스도 다른 실존주의 철학자처럼 제2차 세계대전 동안 죽음과 같은 불안을 실질적으로 경험했다. 야스퍼스의 이 경험은 그의 부인과 관계가 있다.

히틀러는 여러 민족을 대상으로 홀로코스트라는 엄청난 일을 저지른다. 사실인지 확실하지 않지만 히틀러는 인종학에 관심이 많았고, 우수한 독일 민족을 지켜야 한다고 생각했다고 한다. 그래서 독일 민족으로 분류되는 아리안 민족을 제외한 다른 민족을 말살하려는 정책을 편 것이다. 말살해야 할 민족에 유대인이 포함돼 있었는데, 왜 다른 민족에 비해 유대인이 많이 희생됐는지는 알 수 없다.

히틀러는 독일 수상으로 당선된 1933년부터 예수가 유대인이라는 이유로 그리스도교를 부정한다. 이뿐만 아니라 히틀러는 학교의 종교 시간에 그리스도교 대신 히틀러 자신에 관한 교육을 하라고 지시한다. 당연히 그리스도교인들은 불만을 표출했지만, 히틀러의 강한 힘과 무서운 처형 방식에 어쩔 수가 없었다.

유대인을 향한 탄압이 시작되면서 야스퍼스는 죽음과 같은 공포와 불안을 경험한다. 자신의 부인이 유대인이었기 때문이다. 히틀러가 수상이 된 이후 독일의 많은 지식인은 강제로 나치스에 가입했다. 당시 많은 독일 지식인은 히틀러의 전제주의적 정책에 반대했다. 이런 독재정치를 싫어한 지식인이 나치스에 가입하지 않은 것은 당연했다. 하지만 그런 지식인도 회유와 협박 탓에 나치스에 가입하고 말았다.

나치스가 야스퍼스에게 가한 협박은 이혼이었다. 만약 나치스에 가입하지 않으면 이혼하라는 것이었다. 이혼하면 야스퍼스 부인은 유대인이라는 이유로 강제수용소로 끌려갈 수밖에 없었다. 그렇다면 부인의 생사를 알 수 없는 상황에 놓인다. 야스퍼스의 고민은 깊어지고, 죽음과 같은 공포와 불안도 점점 심해졌다.

야스퍼스는 이혼하지 않았다. 나치스는 야스퍼스를 부인이 유대인이라는 이유로 교수직에서 파면한다. 하지만 야스퍼스는 뜻을 굽히지 않았다. 1945년 드디어 나치스는 야스퍼스에게 최후통첩을 보낸다. 나치스에 가입할 날짜를 정해주고 가입하지 않으면 강제로 집행하겠다는 것이다.

다행히 독일은 연합군에 패했고, 전쟁이 끝나자 나치스는 사라졌으며 야스퍼스는 다시 교수로 돌아왔다.

바로 이때 야스퍼스의 실존주의가 탄생한다. 죽음과 같은 불안과 공포 속에 실질적으로 존재한 야스퍼스다. 야스퍼스는 이런 상황을 한계상황이라고 부른다. 그가 주장하는 한계상황이 무엇인지 한번 알아보자.

야스퍼스는 다른 실존주의자와 다르게 실존을 자신의 자아를 만들고 형성하는 모든 것이라고 정의한다. 즉 야스퍼스는 실존적인 생각을 통해 자신의 실존적 존재를 만들어간다고 본다. 이 실존적 생각은 과학적인 증명이나 생각과 다르다. 실존이 자신의 자아에 대해서 알려는 것은 실존적인 자아의 이해다. 과학적인 생각은 객관적인 대상을 중심으로 이해된다. 실존적 생각은 과학적 생각과 다르게 개시를 통해 실존적인가를 결정하는 것이다.

실존적 자아를 개시를 통해 이해하면 그다음에는 어떻게 해야 할까? 야스퍼스는 실존적인 사귐 혹은 관계가 필요하다고 본다. 실존은 결코 혼자이거나 고립돼서는 안 된다. 다른 실존과 함께 실존은 현실적 존재가 되기 때문이다.

이런 실존이 한계상황에 도달할 때가 있다. 야스퍼스는 한계상황을 구체적으로 설명한다. 사람은 살아가다 보면 죽음과 같은 절망이나 공포를 느낀다. 이 경우 우리는 어떤 방법으로도 벗어날 수 없다. 마치 이것은 도저히 넘을 수 없는 벽과 같은 것으로 우리 앞에 나타난다. 이 벽을 우리는 결코 변경하거나 바꿀 수 없다. 어떤 변명이나 논리적인 증명으로도 설명할 수 없으며 그저 뚜렷하게 우리 앞에 드러난다. 바로 이런 상황을 야스퍼스는 한계상황이라고 정의한다.

한계상황을 만나면 실존으로서 사람은 스스로 무한한 존재가 아니라 유한한 존재임을 금방 알 수 있다. 유한한 존재라는 것을 아는 순간 인간은 대부분 좌절하거나 도저히 피할 수 없는 상황에 절망한다. 하지만 그냥 주저앉을 수는 없다. 이때 필요한 것이 좌절에서 벗어나거나 초월해야 한다는 생각이다. 이 순간 실존이라는 자아 존재는 현실을 인정하고 자신을 바꾸는 각성의 계기를 마련한다. 이런 한계상황을 받아들일 때 참된 실존이 된다.

그럼 야스퍼스가 주장하는 한계상황에는 어떤 것이 있는지 보자. 모든 사람이 가장 먼저 생각할 수 있는 한계상황은 당연히 죽음이다. 어떤 누구도 피해갈 수 없으며 극복할 수도 없다. 또 사람이 살아가면서 겪어야 할 것 중 하나가 경쟁이다. 물론 경쟁의 유형이나 방법은 다양하다. 하지만 사람은 살아가면서 경쟁을 하지 않고 살 수 없다.

다음은 고통이다. 사람은 살아가면서 많은 고통을 겪는다. 질병과 같은 고통을 비롯해 많은 고통이 있다. 특히 야스퍼스는 사랑하는 사람과 이별할 때 겪는 고통을 얘기한다. 부인과 자신의 관계가 언젠가는 이별이라는 결론을 맞이할 것이라는 생각을 끊임없이 하면서 산 것 같다. 죄도 야스퍼스가 생각하는 한계상황 중에 하나다. 모든 사람은 살아가면서 죄 짓기를 원하지 않는다. 하지만 자신도 모르는 사이에 혹은 의식적으로 죄와 가까이하는 경우가 있다. 이것 또한 야스퍼스는 한계상황으로 본다.

야스퍼스가 주장하는 한계상황은 결국 유한한 존재에 주어진 것이다. 특히 유한한 존재로서 인간이라는 실존이 겪는 것이다. 한계상황에 처한 인간은 그것을 그냥 받아들일 수 없다. 스스로 유한성을 인정하고 자기를 돌아보는 계기로 삼는다. 하지만 그것만으로 한계상황을 극복할 수 있을까? 아마도 없을 것이다.

야스퍼스는 여기서 신의 문제를 가져온다. 인간은 스스로 유한성을 깨닫는 순간 무한한 존재를 생각한다. 세상에는 여러 가지 유한한 대상과 사물이 존재한다. 사람이나 동물처럼 유한한 각각의 실존을 야스퍼스는 현존재라고 표현한다. 그리고 유한한 존재인 현존재를 있게 해주는 어떤 숨어 있는 존재도 있다고 한다. 유한한 실존을 포괄하는 것이 바로 존재자체이며, 이는 곧 신이다. 존재자체에 의해서 현존재라는 이 세상의 모든 개별적인 존재자가 있는 것이다.

존재자체는 존재자를 있게 해주는 것으로 이 세상에 존재하지 않는다. 그것은 가려져 있다. 그렇다면 우리는 이런 존재가 있다는 것을 어떻게 알까? 야스퍼스는 그것이 있다는 것을 그냥 신앙처럼 믿으라고 주장한다. 한계상황에 부딪힌 인간 실존은 유한한 존재임을 인정하고 스스로 결단을 해야 실존을 되찾을 수 있다. 이때 인간은 초월자를 경험할 수 있다는 것이 야스퍼스의 생각이다. 이렇게 존재자체에 대한 믿음과 초월자의 경험이라는 야스퍼스의 주장 때문에 우리는 그를 유신론적 실존주의 철학자로 분류하는 것이다.

18장

경험은 과연
믿을 수 있을까?

경험론자

지식으로 모든 것을 알 수 있다는
버클리

사람은 살아가면서 지식을 얻는다. 지식을 얻기 위해 사람이 동원하는 것은 이성적 생각과 감각적 경험이다. 전자를 합리론이라 하고 후자를 경험론이라 한다. 합리론자들은 이성이 무엇이며 어떤 일을 하는지에 대해 많은 연구를 한다. 반면 경험론자들은 경험을 통해 우리가 어떻게 지식을 얻는가에 많은 관심이 있다. 말 그대로 사람의 다섯 가지 감각에 의해 얻어진 감각적 경험을 가지고 지식을 얻을 수 있다는 뜻이다. 그러나 이성은 다르다.

합리론자와 경험론자 모두가 맞닥뜨리는 문제는 존재하지 않는 것을 어떻게 다룰 것인가 하는 것이다. 관념 중에서 본유관념에 관한 견해 차이를 우리는 너무 잘 알고 있다. 경험론자들을 가장 곤욕스럽게 하는 것이 바로 본유관념이다. 영국 경험론을 이끌었던 로크는 백지설을 주장하면서 합리론자들이 주장한 본유관념을 사람이 태어날 때 갖고 나온다는 말을 부정했다. 하지만 이것으로 모든 문제가 해결된 것이 아니다.

로크가 말끔하게 해결하지 못한 백지설 이론은 다른 경험론자에 의해서 보충된다. 그 사람이 바로 조지 버클리(1685년~1753년)다. 버클리가 주목한 문제는 로크가 감각적 경험을 기초로 모든 지식을 얻는다고 주장한 부분이다. 성공회 주교인 버클리는 사제 신분으로 여러 나라를 다니면서 신앙 전도에 앞장섰다. 이런 그에게 신의 존재는 아주 중요한 문제였다. 로크의 말처럼 감각적 경험에서 모든 지식을 얻는다면, 태어난 다음에야 경험으로 지식을 얻을 수 있다. 그렇다면 신의 문제는 어떻게 되는 것일까?

버클리는 로크의 경험론이 그대로 유지된다면 과학적인 증명 방법으로 신의 문제도 접근할 가능성이 있다고 판단했다. 로크의 생각이 종교적인 위기뿐 아니라 도덕적인 위기도 함께 불러올 수 있다고 버클리는 보았다. 물론 로크도 신을 인정한다. 신은 세계라는 거대한 기계를 처음 움직인 창조자임을 인정한다. 물질이 아닌 실체가 있다는 것을 인정하면서 그리스도교의 영혼도 로크는 인정한다.

로크는 세계와 우주를 거대한 기계에 비교할 정도로 극단적인 기계론자였다. 그의 사상에는 기계 부품에 관한 얘기가 많이 나온다. 과학적 지식이 기계론적 지식을 낳는다고 본 로크는 당시 발달한 과학을 아주 중요하게 생각했고 그의 철학에 반영한다.

주교인 버클리는 로크의 이런 생각에서 아주 위험한 점을 찾아낸다. 로크의 생각이 신의 존재 자체를 부정하거나 영혼을 부정할 수 있다는 판단이다. 이렇게 되면 당연히 신을 기반으로 하는 종교와 종교를 기반으로 하는 도덕에 큰 혼란이 올 수 있다는 것이 버클리의 생각이었다.

버클리의 주장은 간단하다. 세계나 우주는 다양한 모습을 갖고 있다.

기계에 의해서 만들어진 모든 것은 한결같이 같거나 비슷하다. 결국 기계가 만들어놓은 것을 신이라는 이름으로 우리를 속이는 것이 아닌가 하고 생각한다.

여기서 버클리는 세계에 있는 대상이나 물질, 즉 존재를 한번 부인해 본다. 기계론을 중심으로 한 경험론을 주장하는 로크는 물질이라는 존재를 부정하는 것이 불가능하다. 버클리는 신의 창조론과 영혼을 기반으로 한 경험론을 주장하기 때문에 물질의 존재를 부정하는 일이 가능하다. 하지만 분명한 것은 우리가 한 번이라도 감각적 대상으로 경험한 것을 부정할 수는 없다는 사실이다. 그럼 무엇을 부정할 수 있을까? 아마도 감각적 대상으로 경험하지 않은 것을 부정할 것이다.

버클리는 가장 대표적으로 신을 부정해 보자고 한다. 신을 믿지 않는 사람은 신이 감각적 대상이 아니며, 감각적으로 경험한 것도 아니다. 그러나 주교로서 버클리는 신을 창조주로 알고 있기 때문에 신 안에 모든 창조물이 존재하며, 신이 어디에나 존재하고 영혼처럼 영원히 존재한다는 것을 알고 있다고 주장한다.

신뿐 아니라 우리가 감각적으로 경험하지 못하는 모든 것도 마찬가지다. 이렇게 외적인 대상을 부정할 수 없듯이 감각적으로 경험할 수 없는 것도 존재함을 알 수 있다고 버클리는 주장한다.

이렇게 버클리는 세계의 모든 질서와 대상을 창조주인 신을 통해서만 설명한다. 세계의 모든 질서나 존재는 신이 준 질서다. 이런 질서와 존재를 파악할 수 있는 것은 인간에게 정신이 있기 때문에 가능하다. 하지만 인간이 가진 정신은 유한하다. 신은 인간의 이 유한한 정신을 마음대로 움직일 수 있고 사용할 수도 있다. 정신으로 감각적 경험을 지식으로 만들어 내는 것도 결국 신이 있기에 가능하다.

인간이 세상의 어떤 존재를 인식하거나 의식하지 않아도 계속해서 존재들이 생겨난다. 그 이유는 인간이 새롭게 생겨나는 존재에 대해서 전혀 의식하지 않아도, 신은 계속 모든 것을 의식하고 필요한 것을 생겨나게 하고 사라지게도 하기 때문이다. 사제다운 주장이긴 하지만 그래도 부족한 면이 있다. 버클리도 이 점을 느낀 것 같다.

그래서 버클리는 '존재하는 것은 지각되는 것'이라는 주장을 한다. 버클리의 이 말에는 많은 것이 담겨 있다. 물론 많은 비판도 함께 따라온다. 또 일부에서는 주교다운 이론이라는 주장도 있다. 당연히 우리는 존재하는 모든 것을 지각한다. 그것이 신이든 자유든, 즉 모든 본유관념도 지각할 수 있다. 왜 사람들은 이 말에 대해서 비판적일까?

버클리의 이 주장을 반대로 해석하면, 지각되지 않는 것은 존재하지 않는다는 의미가 되기 때문이다. 감각적 경험으로 지각하는 사물이나 대상은 모두 존재한다는 버클리의 주장을 반대로 해석하면 감각적 경험으로 지각하지 않는 대상은 모두 존재하지 않는다는 의미가 된다. 앞에서 제기된 본유관념에 대한 문제는 해결되지 않는다.

사실 버클리의 존재하지 않는 것은 지각되지 않는다는 말은 그런 의미가 아니다. 당연히 경험적으로 지각된 것은 존재한다. 버클리가 주장하고자 하는 것은 관념에 관한 것이다. 사과가 맛있다는 것을 예로 들어보

자. 사과의 성질을 딱딱하고 둥글다는 외적인 성질과 달콤하고 새콤하다는 내적인 성질로 나눌 수 있다. 사과가 맛있다는 관념은 외적인 것이 아니라 내적인 것이기 때문이다. 즉 사과의 관념은 내적으로 우리에게 알려져 있다.

사과의 외적인 성질에서 우리가 사과의 달콤함이나 새콤함을 지각하는 것은 아니다. 사과의 외적인 성질이 존재하지, 내적인 성질이 존재하는 것은 더더욱 아니다. 즉 존재하는 것은 지각되는 것이라는 버클리의 주장을 우리는 단순하게 해석할 것이 아니라 이런 관념까지도 생각해서 받아들여야 한다.

사과의 향이나 맛을 결정하는 것은 감각적 능력이다. 즉 후각과 미각의 작용이다. 그렇다면 사물이 좋은지 나쁜지, 기분이 좋은지 나쁜지 판단하는 일은 어떨까?

물론 이것도 감각적 능력이라고 할 수 있다. 하지만 이런 사람의 감정은 감각보다 사람의 정신에 의해서 결정된다. 모든 것은 감각적 작용에서 시작하지만, 정신적인 작용이 들어가면 그것은 감각적 작용과 다름을 버클리는 주장한다.

버클리는 영국의 다른 경험론자와 다르게 성공회 주교였다. 사제로서 그는 신의 문제를 버릴 수 없었을 것이다. 당연하듯 그는 신을 전제로 경험론을 주장한다. 그러다 보니 자연스럽게 정신의 문제를 다룰 수밖에 없었을 것이다.

버클리는 이렇게 유신론적인 관점에서 경험론을 주장했다. 신이 모든 것을 지배하기 때문에 인간의 정신이 알든 모르든 세상의 모든 존재는 인간의 지각과 관계없이 존재한다. 즉 당신 옆에 사랑하는 사람이 없다고 존재하지 않는 것이 아니다. 전지전능하신 신이 지각하고 있기 때문에 당신이 사랑하는 사람은 늘 당신 곁에 있으니 안심해도 된다.

흄, 상상과 공상으로
지식을 얻다

17세기 이후 유럽을 대표하는 철학 사조는 합리론이었으며, 영국을 상징하는 철학은 경험론이었다. 우리는 영국의 경험론자를 거론할 때 일반적으로 로크, 버클리, 데이비드 흄(1711년~1776년)을 꼽는다.

이 세 사람의 활동 시기도 그렇지만 경험론은 실질적으로 로크로부터 시작돼 버클리를 거친 다음 흄에 의해서 완성된다. 이 말은 로크의 사상을 버클리가 보완했고, 버클리가 완성하지 못한 내용을 흄이 마무리했다는 의미다.

흄은 경험론을 완성했지만, 윤리학에도 깊은 관심을 두었다. 윤리학도 경험적인 사고방식으로 완성한다. 경험론에서는 확실한 지식이 오직 감각적 경험으로만 가능하다고 한다.

그리고 과학적 방법인 실험과 관찰로 얻은 지식은 더 확실하다. 물론 사람마다 감각적 경험이 다르기 때문에 경험적 지식은 개인에서 시작된다. 즉 주관적인 지식에서 시작돼 객관적 지식으로 완성되는 것이 바로 경험론의 또 다른 특징이다.

데카르트는 경험으로 얻은 지식 중에 선입견이나 편견도 포함된다고 말한다. 그래서 이런 확실하지 않은 지식을 의심할 수밖에 없다고 한다. 경험론자들도 이를 인정한다. 바로 베이컨이다. 우상이 지식이 아니라고 주장한 베이컨은 선입견이나 편견 같은 우상을 멀리하고 버릴 때 완전한 지식을 얻을 수 있다고 한다. 그만큼 주관적인 경험은 불확실하다.

윤리학은 실천학이다. 실천하는 학문인 윤리학에는 좋은 것과 나쁜 것이 있다. 이 선과 악은 이성적으로 주어지는 것일까 아니면 인간의 감정에 의해서 생겨나는 것일까?

흄은 윤리학의 선과 악이 감정에서 생겨난다고 본다. 윤리는 실천이기 때문에 윤리적 행동을 할 수 있는 동기가 있어야 한다. 흄은 그 동기가 대상을 바라보는 인간의 감정이라는 것이다. 흄이 볼 때, 이성은 우리를 행동하게 하는 것이 아니다. 이성은 어떤 경우에도 사람에게 이렇게 하라 혹은 저렇게 하지 말라를 강요하지 않는다.

감정은 다르다. 예를 들어서 불쌍한 사람을 보면 돕는다. 돕는다는 것은 윤리적인 행동이다. 윤리적인 행동에는 동기가 있어야 한다. 그 동기는 무엇일까? 불쌍한 사람을 보았을 때 우리가 느끼는 동정심이다. 동정심은 이성이 아니라 감정이라는 것이 흄의 생각이다.

문제는 불쌍한 사람을 바라보는 사람의 감정이다. 불쌍한 사람을 바라보고 그것을 인정하고 동정심을 불러일으키면 그것은 좋은 일이고 선이다. 그것을 부인하는 순간부터는 나쁜 감정을 자아내기 때문에 악이다. 우리가 바라는 것은 불쌍한 사람을 인정하고 동정심을 불러일으키는 것이다. 이런 사회가 선한 사회다.

선한 사회가 되려면 도덕적 공감 능력이 필요하다. 불쌍한 사람을 직접 보고 인정하는 순간, 돕고 싶은 연민의 감정이 생겨난다. 뉴스나 텔레비전에서 불쌍한 상황을 접해도 돕고 싶은 감정이 생긴다. 누군가 남을 돕고 있는 모습을 보면 마치 내가 돕고 있는 것처럼 같은 감정을 느끼기도 한다. 이것을 흄은 도덕적 공감 능력이라고 한다. 사회 구성원 중 많은 사람이 공감하기 때문에 모두가 기쁨을 느끼고 선을 행하는 것이다.

우리가 궁금한 점은 왜 흄이 윤리적 행동의 중요한 동기로 이성보다 감정을 꼽았을까 하는 것이다. 윤리에는 이론과 실천이 있다. 이론을 통해 이렇게 저렇게 하는 것이 선이라고 말하는 것은 이성 작용이다. 이성 작용을 행동으로 옮기지 않으면 아무런 의미가 없다. 실천은 행동이다. 흄은 감정이 있어야 행동으로 실천한다고 보았다.

먼저 이성 작용이 없으면 감정에 의해서 행동으로 옮기지 못하는 것도 분명하다. 불쌍한 사람을 보았을 때 이성이 먼저 움직인다. 이 사람을 어떻게 돕는 것이 이 사람에게 도움이 될까 하고 말이다. 그런 다음 우리는 행동으로 옮긴다. 즉 흄은 이성이 윤리적 행동에 중요하지 않다는 것이 아니라 행동의 동기가 되는 것이 감정이라고 말한 것이다.

법이 왜 필요할까? 혼자 사는 사람은 법이 필요하지 않다. 사람이 모이면 법은 필요하다. 즉 법은 사람들과의 관계에서 시작된다. 그렇다면 법은 개인에게 손해만 주는 것이지만 사회집단에는 도움을 주는 것이다. 공감 능력이란 이것과 마찬가지다. 사람은 공감 능력이 있기 때문에 자기에게 약간의 손해가 있다고 하더라도 자신을 포기하고 집단을 받아들인다.

정리하자면, 우리는 인간에게 있는 공감 능력을 통해 좋은 것과 나쁜 것을 구별한다. 윤리적 행동은 이성으로 판단하는 것이 아니라 감정으로 느끼는 것이며, 이를 인정하는 순간 실천한다. 이런 관점에서 윤리적 행동만 바라본다면 감정이 주체이고, 이성은 단지 감정을 위해 존재하고 따를 뿐이다.

흄은 이렇게 윤리학을 이성이 아니라 감정을 바탕으로 정립했다. 감정이니 공감이니 하는 것은 이성이 아니라 감각적 경험이다. 즉 흄은 관찰이나 경험을 바탕으로 지식뿐 아니라 도덕과 윤리 이론을 새롭게 살펴본 철학자다. 왜 흄은 이렇게 했을까? 대답은 아주 간단하다. 그는 경험론자다. 경험론을 완성한 철학자다. 따라서 그의 철학 이론은 모두 경험적이고 과학적인 사고와 실험적 결과를 중시한다.

이렇게 흄이 감각적 경험으로 모든 지식을 얻을 수 있다고 주장하지만, 그래도 해결할 수 없는 문제가 남아 있는 듯이 보인다. 신이나 이상향 같은 감각적 경험으로는 도저히 해결할 수 없는 주제 말이다. 로크와 버클리도 이 문제에 대해서는 분명한 답을 찾지 못했다. 그러나 흄은 경험론을 완성한 철학자답게 이 문제를 해결한다.

한번 생각해 보자. 코뿔소와 말은 실제 존재한다. 경험적으로 알 수 있다. 그렇다면 일각수는 어떤가? 코뿔소의 뿔을 말 머리에 붙인다. 우리는 그것을 일각수(유니콘)라고 이름한다. 그렇다면 이 일각수는 존재하는 것일까 아닐까? 흄은 존재한다고 본다. 모든 지식은 경험에서 시작된다고 했다. 경험으로 확실한 것은 분명한 지식이 된다. 코뿔소도 말도 경험에

의해서 확실하게 확인된 지식이다. 그렇다면 둘이 합쳐진 일각수도 경험으로 얻은 확실한 지식이다.

흄은 여기서 상상과 공상으로도 지식을 얻을 수 있다고 주장한다. 상상은 없는 것에서 나오는 것이 아니고, 존재하지 않는 것에서 존재하는 것도 아니다. 감각적 경험을 바탕으로 우리는 상상을 하고 공상도 한다. 따라서 상상이나 공상으로 얻은 것도 지식이다.

신의 문제도 마찬가지다. 신에 대해 감각적 경험으로 얻은 것이 있을 것이다. 그것을 가지고 여러 단계의 상상과 공상을 거치면 전지전능한 신이 있음을 알게 된다. 이런 흄의 주장이 이성적으로 신이 있음을 생각하는 것보다 어쩌면 더 확실할 수도 있다.

경험론자들이 가장 많이 사용한 논리적인 방법은 귀납법이다. 귀납법의 특징은 과학적으로 검증된 것이나 실험으로 확실하게 정의 내린 지식을 얻을 수 있다는 점이다.

그렇게 확인된 지식은 인간이 알아야 할 지식에 비하면 너무 적다. 많지 않은 지식을 모든 것에 적용하면 오류가 생길 가능성이 아주 크다. 이 때문에 흄이 주장한 상상이나 공상은 실재가 아니라 허구나 허상이라는 비판도 없지 않다.

흄은 영국 경험론을 완성했으며, 그의 사상은 훗날 칸트에게 이어진다. 본유관념이 없다는 경험론자. 본유관념이 있다고 주장하는 합리론자. 이성을 더 중요하게 생각하는 합리론자. 경험을 더 중요하게 생각하는 경험론자. 이처럼 상반된 합리론과 경험론을 칸트가 종합하며 근대 철학을 완성한 것이다. 서로 날 선 비판을 하기보다는 상생의 지혜를 발휘할 때 발전이 있음을 철학사에서도 찾아볼 수 있다.

E. 젤러, 《희랍 철학사》, 윌헤름 네슬 엮음, 이창대 옮김, 이론과 실천, 1991

S.P. 램프레히트, 《서양철학사》, 김태길 외 옮김, 을유문화사, 1997

강영안, 《강교수의 철학 이야기》, 한국기독학생회출판부, 2014

김미령 외 원광대학교 마음인문학연구소, 《마음과 마음-동서 마음 비교》, 공동체, 2013

김필영, 《5분 뚝딱 철학》, 스마트북스, 2020

김형석, 《한 권으로 보는 서양철학사 100장면》, 가람기획, 1999

나이절 워버턴, 《철학자와 철학하다》, 이신철 옮김, 에코리브르, 2012

남경태, 《누구나 한 번쯤 철학을 생각한다》, 휴머니스트, 2012

루치아노 크레첸조, 《이야기 그리스 철학사 1 · 2권》, 현준만 옮김, 문학동네, 1997

버트런드 러셀, 《서양철학사》, 서상복 옮김, 을유문화사, 2010

서용순, 《청소년을 위한 서양철학사》, 두리미디어, 2007

서정욱, 《문화사와 함께하는 서양철학사(고대, 중세편)》, 배재대학교출판부, 2008

서정욱, 《문화사와 함께하는 서양철학사(근대, 현대편)》, 배재대학교출판부, 2005

서정욱, 《필로소피컬 저니》, 함께읽는책, 2008

안광복, 《처음 읽는 서양철학사》, 웅진지식하우스, 2007

앤소니 케니, 《서양철학사(고대, 중세, 현대철학)》, 김성호 옮김, 서광사, 2008

앤소니 케니, 《아퀴나스의 심리철학》, 이재룡 옮김, 가톨릭대학교 출판부, 1999

양해림, 《대학생을 위한 서양철학사》, 집문당, 2013

움베르토 에코 외, 《경이로운 철학의 역사 1 · 2 · 3권》, 윤병언 옮김, 아르테, 2019

윌 듀랜트, 《철학 이야기》, 임헌영 옮김, 동서문화사, 2007

정창우 외, 《고등학교 윤리와 사상 개념완성》, EBS 교재기획출판부

정창우 외, 《고등학교 윤리와 사상》, 미래엔에듀 교과서

정창우 외, 《중학교 도덕 1 · 2》, 미래엔에듀 교과서

정창우 외, 《중학교 도덕 자습서 1 · 2》, 미래엔에듀 교과서

존 R. 설, 《지향성 : 심리철학 소론》, 심철호 옮김, 나남, 2009

테드 혼드리치, 《철학자들 : 서양 지성을 이끌어온 스물여덟 명의 사상가들》, 심철호 옮김, 이제이북스, 2007

프레드릭 코플스턴, 《그리스로마 철학사》, 김보현 옮김, 북코리아, 2015

필립 스톡스, 《100인의 철학자 사전》, 이승희 옮김, 말글빛냄, 2010

구연산

대학에서 만화예술을 공부했으며, 프리랜서 일러스트 작가로 활동하고 있다. 그린 책으로는 《초등학생을 위한 개념 경제 150》《정브르가 알려주는 파충류 체험 백과》《정브르가 알려주는 곤충 체험 백과》《초등학생을 위한 개념 한국지리 150》《한 권으로 보는 그림 한국지리 백과》《한눈에 펼쳐보는 우리나라 지도 그림책》《봄·여름·가을·겨울 숲속생물도감》《처음 만나는 난중일기》《처음 만나는 징비록》《처음 만나는 열하일기》 등이 있다.

이런 철학이라면 방황하지 않을 텐데
단단한 삶을 위한 철학 수업

1판 1쇄 펴낸 날 2022년 6월 15일

지은이 서정욱
그림 구연산
주간 안채원
책임편집 윤대호
편집 채선희, 이승미, 윤성하, 장서진
디자인 김수인, 김현주, 이예은
마케팅 함정윤, 김희진

펴낸이 박윤태
펴낸곳 보누스
등록 2001년 8월 17일 제313-2002-179호
주소 서울시 마포구 동교로12안길 31 보누스 4층
전화 02-333-3114
팩스 02-3143-3254
이메일 bonus@bonusbook.co.kr

ISBN 978-89-6494-560-5 03160

• 책값은 뒤표지에 있습니다.